「君の代わりはいない」
といわれる人になる

これからの
20代に大切な
10のチカラ

人生が変わる
ココロの授業

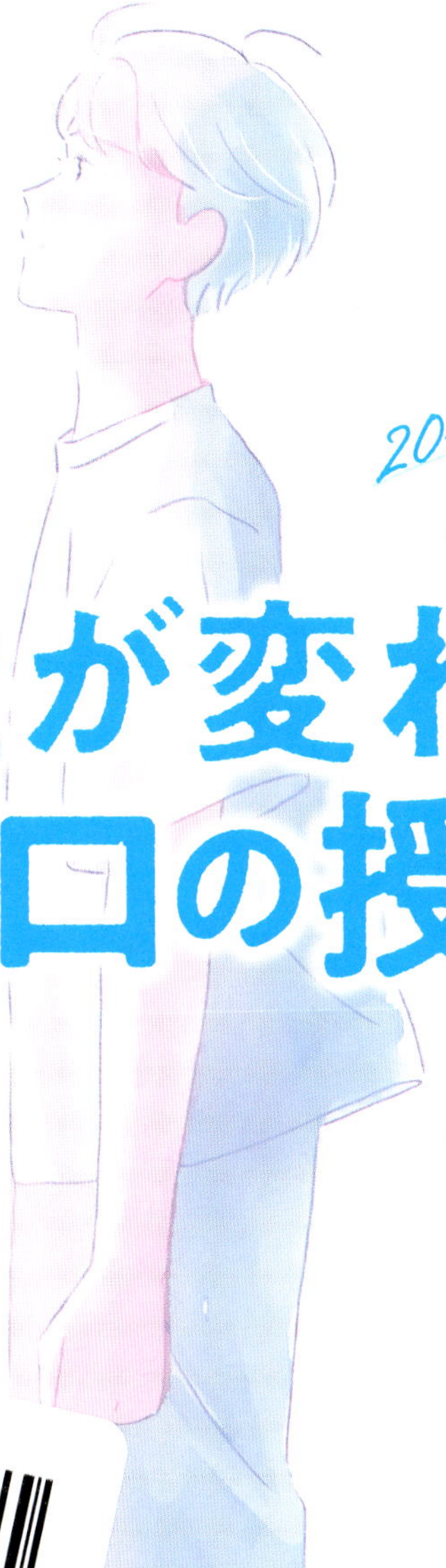

比田井和孝
Hidai Kazutaka
比田井美恵
Hidai Mie

三笠書房

はじめに

「自分のチカラで幸せになるチカラ」をつけるために

「すべては学生のために」

私の学校では、これをモットーに、「学生に幸せになってほしい」と本気で考え、心を育てる取り組みをしています。

ここで言う幸せとは、「国家資格を取得する」とか「第一希望の会社に就職する」といった目先の幸せではありません。

学生の「一生の幸せ」です。

学校を卒業したあとの10年後、20年後はもちろん、プライベートも、仕事を退職したあとも、80歳になってもずっと幸せに生きられる……それが本当の意味での幸せだと思うのです。

そのためには、**「自分のチカラで幸せになるチカラ」**がどうしても必要です。

そのチカラをつけるために行なっている取り組みのなかに、比田井和孝《ひだいかずたか》が担当している「就職対策授業」、通称**「ココロの授業」**があります。

申し遅れました。私は、長野県の「上田情報ビジネス専門学校」、通称「ウエジョビ」の校長、比田井美恵《みえ》と申します。

ウエジョビでは、学生の就職を支援する授業のほかに、就職先で、「君の代わりはいない」と、愛され慕われる人になるための、心のあり方について語る「ココロの授業」を行なっています。

ありがたいことに学生からは、**「この授業で考え方が変わった！」「人生の財産になった！」「将来、私の子どもにも伝えていきたい」**と嬉しい言葉をたくさんいただいています。

この授業が評判となり、授業内容をまとめた本は、シリーズ累計30万部超のベストセラーとなりました。「ココロの授業」の講演依頼も全国からあり、今までに35万人以上の方に、比田井和孝の話を聞いていただきました。ラジオ番組「ヒダカズのココロの授業」も、早くも放送開始から20年近くを迎えています。

本書は、この大好評の「ココロの授業」や、講演のなかでもとくに重要なポイントと、20代のうちに身につけておきたい「10のチカラ」を厳選してまとめたものです。

私は、ウエジョビの学生や卒業生はもちろん、**今、この本を読んでいるあなたにも、本当に幸せになってほしいと願っています。**

それには、就職先で「君がいてくれてよかった」と喜ばれ、感謝される人になることが大事です。なぜなら、そうやってまわりの人を幸せにすることで結果的に自分が人から好かれ、愛され大切にされるからです。たとえ会社や組織に属さなくなっても、サークルでも、友人たちからも、定年後も、自分が置かれた場所で、「○○さんがいてよかった」と、一生幸せな人生を送ることができます。

君がいてくれてよかった、と喜ばれる人になるために

本書でお伝えする「10のチカラ」をつけていくと、どんな人でも**「人財」**といわれるような人になることができます。

「人財」と書きましたが、「じんざい」には、4種類あることをご存じですか？ 「人罪」「人在」「人材」「人財」です。人は、この4種類のどれかに分類されます。

「人罪」は「罪な人」ですから、人に迷惑をかけてしまう人です。例えば、仕事がいい

加減でトラブルを起こしたり、人をいじめたり、人の悪口や文句ばかり言って、職場の雰囲気を悪くするような人です。

「人在」は「存在する人」です。「そこにいるだけ」という感じの人かもしれません。

「人材」は、仕事をきっちりやってくれて技術も知識もあり、もちろん役には立ちますが、「もしも、その人が辞めてしまっても、同じ技術や知識があるほかの人で補える」という人です。「材料」ですから、替えがきくんですね。

「人財」は、「財産となる人」です。「君がウチの会社にいてくれて本当によかった」「君の代わりはいない」と言ってもらえるような人です。

「今の自分は、人材だな」とか、「人在と人材の間くらいかも」などと、がっかりした人も安心してください。

「財産となる人」なんていうと、大きな業績を上げないとなれないとか、特別な能力が必要なんだろうとか思うかもしれませんが、そうではありません。「人罪」や「人材」だった人でも、少しずつ「人財」に近づいていくことができます。

なぜかというと、**「人財」に一番大切なのは人柄、つまり「人間性」**だからです。

仕事には「知識や技術」も大事ですが、それだけでは足りません。知識や技術に「人間性」がプラスされてはじめて、「いい仕事」ができるようになるのです。

どういう心構えで仕事に臨むのか、という「心のあり方」が大切であり、心のあり方は、**毎日の心がけひとつで変えられるからこそ、誰でも「人財」になることができるの**です。考え方、あり方次第です。

この本で語っている**「10のチカラ」は、すべて「心のあり方」**です。

私は、あなたに、この「10のチカラ」をつけて、いい仕事ができる人、必要とされる人となって、置かれた場所でまわりの人を幸せにできる「人財」として、幸せになってほしいのです。

さあ、ここから、あなたの心を磨く「ココロの授業」が始まります。ウエジョビでの授業と同じように、比田井和孝が本気で語ります。

比田井美恵

Contents

3章

「楽しむチカラ」

――変化の時代の「幸福感」は、人生の主導権を握ることから生まれる

4章

「整えるチカラ」

——心とあなたの部屋はリンクする。ファーストクラスに乗る人の秘密

5章

「続けるチカラ」
──たった1％の違いが人生最大の武器になる

6章

「決めるチカラ」
――幸福感レベルの違いは、自己決定率の高さにあった！

7章

「挑戦するチカラ」

——失敗経験こそが人生の財産

9章

「当事者になるチカラ」

——リーダーには一目でわかる、信頼できる人、変革できる人

10章 「今を本気で生きるチカラ」

——日本人本来の生き方が、「本当の幸せ」につながる

編集協力 吉田宏
イラスト 水元さきの

1章

「感じるチカラ」

——AIにも勝てる人間のすごい能力

最初に、あなたに一番つけてほしい
チカラについてお話しします。
この「感じるチカラ」は、
社会人としてはもちろん、
一生涯にわたって幸せに暮らし、
最期《さいご》には

「本当に幸せだった」
「ありがとう」
と言える人生を送るために、
最も大切な力です。

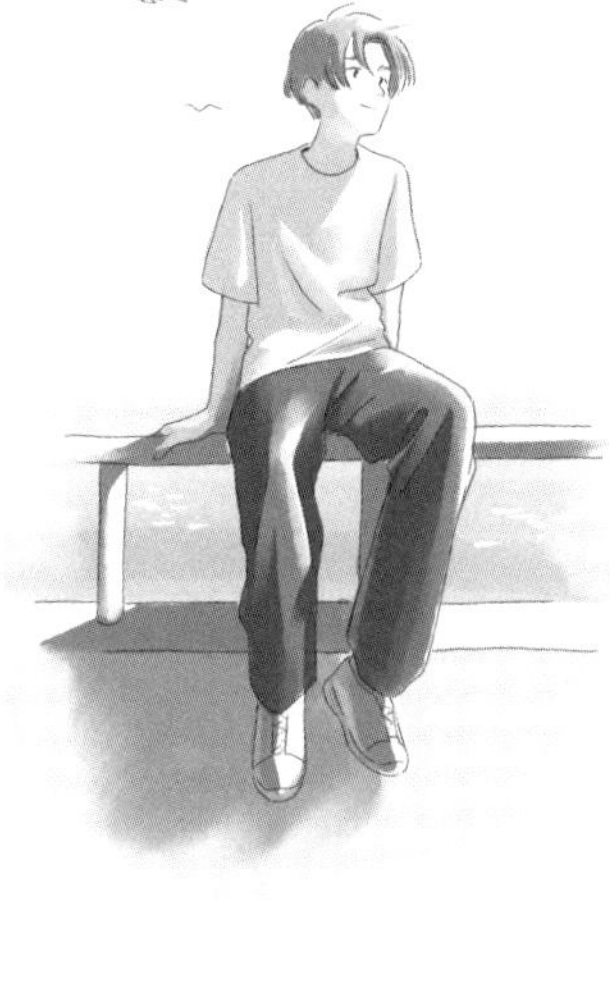

1 幸せになれる人、なれない人――たったひとつのシンプルな違い

世の中には〝幸せになれる人〟と、〝幸せになれない人〟がいます。

しかも、それははっきりと分かれます。

「幸せになれる人」とはどんな人でしょう？　逆に、「幸せになれない人」とは？

万が一、自分が「幸せになれない人」に当てはまったとしても、落ち込まないでください。**必ずや「幸せになれる人」に成長できる方法**をお伝えしていきますから。

世の中の多くの人は、「ああなったら幸せ」「こうなったら幸せ」と考えます。今、自分が置かれている状態は不幸であって、理想の状態になったら幸せになれると思っているのです。例えば、「宝くじで1億円当たったら、一生遊んで暮らせて幸せだ」「○○大学に合格できたら幸せ」「医者になれたら幸せ」「あの人と結婚できたら幸せ」……というように。

ところが、実際にそうなったとしても、幸せを感じられるのはほんの一瞬のことです。

しばらくすれば、すぐにまた不安に襲われ、さらに上の幸せを求めることになってしまうのです。

「1億円当たったはいいけれど、それを使い切っちゃったらどうしよう……」「念願の大学に合格したけれど、授業についていけるかなぁ」「結婚はできたけど、やっぱりマイホームを建てないと……」「マイホームは建てたけど、息子が○○大学に行かないと」……なんてね。どこまでいっても悩みは尽きず、いつまでたっても幸せにはなれません。

幸せとは、「なるもの」だと考えているかぎりは、幸せになれない――ということなのです。じゃあ、どうしたらいいのでしょう?

幸せか不幸せか?……それを決めるのは自分

実は、**幸せとは、「なるもの」ではなく、「感じるもの」**です。

この真実を知っているかどうかで、人生の貴重な時間を、終わりのない「幸せ探しの旅」に費やしてしまうか、充実したものにできるかが変わってきます。

幸せとは自分で感じるものなので、たとえ人から「あなたは幸せね」なんて羨《うらや》ましがられても、本人がそう感じられなければ、幸せではありません。

逆に、「あなたは不幸ね」とバカにされたり憐《あわ》れまれたりしても、本人が幸せを感じていれば、幸せなのです。

つまり、自分が幸せを感じることができなかったら、永遠に幸せにはなれないし、「幸せを感じるチカラ」が強い人は、どんな状況でも幸せになれるということです。

ところが、「幸せを感じるチカラ」は、磨かなければつきません。

誰にでも、最初から備わっているチカラではないのです。しかも、「幸せを感じるチカラ」がつく人と、つかない人がいる――このことが、「幸せになれる人と幸せになれない人がいる」ということです。

では、どうすれば「幸せを感じるチカラ」がつくのでしょうか。

失敗や挫折だけが気づかせてくれること

「幸せを感じるチカラ」をつける方法――それは、**「挑戦すること」**です（「挑戦するチカラ」については、第7章でさらに詳しくお伝えします）。

誤解しないでくださいね、これは「挑戦すると、成功して幸せになれる」という意味ではないのですよ。

挑戦すると失敗することが多い、というより、ほぼ確実に失敗します（笑）。初めてやったことが一発でうまくいくなんて、そうそうありません。でも、そうやって失敗して落ち込んだときに人から親切にしてもらうと、いつも以上に、その優しさが身に沁《し》みます。**普段なら気がつかないような、ちょっとした思いやりにも敏感に気づき、「なんてありがたいんだろう」と感動できるようになります。**

その後、失敗にもめげずに何度も挑戦しつづけ、やっとの思いで成功したとしましょう。失敗を繰り返したからこそ、その嬉しさはひとしおです。ものすごく嬉しいからこそ、力を貸してくれた人たちに、「〇〇さんのおかげです。ありがとう」と感謝でき、「たくさんの人に助けてもらえた自分は幸せだ」と認識できるようになります。さらに自分が挑戦できる環境にあったことにも、感謝できるようになります。

つまり、**挑戦することで、自分のまわりにすでにあった幸せに気づける**、挑戦して失敗や挫折を経験することにより、自《おの》ずと人や環境に感謝できるようになる、という意味なのです。

こう考えると、「挑戦」っていいことずくめですよね。その結果が、「成功」ならもちろん嬉しいいし、「失敗」であっても、「幸せを感じるチカラ」がつくのですから。

でも、「失敗を恐れて挑戦をしない人」には、この幸せは与えられません。

さまざまな経験が、心の「感じるチカラ」を磨き上げます。失敗の辛さを経験すると、「落ち込んでいる人の心」がわかり、そんなときに、どんな声をかけてもらうと嬉しいのかもわかります。挑戦すればするほど、いろいろな経験ができ、経験が増えれば増えるほど「幸せを感じるチカラ」が磨かれていく。そして「感じるチカラ」が高まってくると、多くの人の心に寄り添えるようにもなり、その先には、幸せな人生が待っているはずです。

だから、幸せになれる人とは、「挑戦する人」なのです。

2 AIは生きていないが君たちは生きている

昨今のAI（人工知能）の進歩はめざましく、2030年には日本の労働者の半数はAIに取って代わられると分析している研究があります（株式会社野村総合研究所　2015年12月2日リリース「日本の労働人口の49％が人工知能やロボットで代替可能に」)。

また、アメリカでは、事務・管理職の46%がAIによって自動化され、アメリカ経済全体では25%の仕事がAIに取って代わられる、ともいわれています(ゴールドマン・サックス社のリサーチレポート2023年3月26日。「東洋経済オンライン」2023年9月17日の記事)。

こうした、来《きた》るAI全盛時代に勝てる人間の能力は、まさにこの「感じるチカラ」しかない——そう言いきれるくらい**「感じるチカラ」はここ数年で、本当に大切な力となるでしょう。**

幸せに生きるためにも、人間がこれからのAI全盛時代を生きるためにも「感じるチカラ」は必須の武器なのです。なぜ、そう言い切れるのでしょうか?

私の人生の師匠、佐藤芳直《さとうよしなお》先生が、ウエジョビの入学式特別講演会で新入生にこんな話をしてくださいました。

君たちはAI全盛の時代を生きています。答えの適切さや正しさ、速さは、人間は到底、AIにはかないません。AIは、何を聞いても瞬時に適切な答えを出してくれますから。しかし、AIと人間には決定的な違いがあります。それは、「AI

は人間ではない」……つまり「生きているわけではない」ということです。したがって「感じるチカラ」がないのです。

…………

AIは生きていません。膨大な、数値化、言語化された膨大な既存データを基に、最適と思われる答えを出しているだけで、AI自身が、まだ言語化されていない人々のモヤモヤとした思いや、データに表れていない未知のニーズなどを感じ取っているわけではありません。つまりAIは、「感じるチカラ」を持っていないのです。

芳直先生の言葉は続きます。

君たちは人間です。絶え間なく血が流れていて、親御さんの愛情をいっぱい受けて生きてきた。そしてこれからは人生100歳時代といわれていますが、いくつになってもイキイキと幸せに、必要とされて生きていく……そんな人生を送りたいと思いませんか？　そういう人生を生きるために、君たちはこれから学んでいくわけです。

AIは生きていないが君たちは生きている、AIは感じることができないが君たちは感じることができる……これは決定的な違いです。ですから、君たちに求めら

…………

れるのは「感じるチカラ」です。ウエジョビが「三つの約束〈挨拶・掃除・素直〉」を大事にしているのはなぜか。それは、これからの君たちに最も求められる「感じるチカラ」をつけるための、最高の修業が「三つの約束」だからです。

「感じるチカラ」は、こうやってあなたを助ける

「挨拶・掃除・素直」に取り組めば、「感じるチカラ」がつくとは、どういうことでしょうか？　例えば、毎日、しっかりお互いの目を見て挨拶をしていれば、相手の小さな変化も感じることができるようになっていきます。

「どこか掃除し足りないところはないか」と汚れたところを探す姿勢は、細かなことに気づく目を養い、「感じる心」を育てます。

そして、身の回りで起こるすべてのことから、「自分に何が足りないのか」を感じ、自分を変えてみようとする心のことを、素直な心といいます。相手の変化を感じ、細かなことに気づき、自分を変えてみようという素直な思いで生きていたら、間違いなく「感じるチカラ」が鍛えられます。

大事なことは、感じようとする姿勢です。最初はまったく気がつかない、感じないか

もしれません。それでも毎日、しっかり目を見て挨拶をしていれば、いつか、「あれっ、先輩、今日は寝不足かな？」「ちょっと顔色が悪いかも」などと感じる日がくるでしょう。

「もっときれいにしたい！」という思いで掃除をしていれば、それまでは気にならなかった小さな汚れやホコリも、敏感に感じ取れるようになるでしょう。

上司から注意をされた際には、注意されたことを直し、さらに「自分には何が欠けていたのか」「上司は何を期待していたのか」を考えれば、自分の心の動きも、上司の気持ちも感じることができるようになるでしょう。

これらの経験から得た「感じるチカラ」は、職場や家庭など、さまざまな場面で、間違いなくあなたを助けます。なぜなら、「感じるチカラ」がある人と一緒に仕事をすると、まわりの人はとても気持ちがいいからです。

仕事が忙しくて辛い状態にあることを察して、「大丈夫？」と手伝ってくれたり、出しっぱなしになっていた道具をサッと片づけておいてくれたりして、本当に助かるのです。職場にこうした気の利く人、**つまり「感じるチカラ」を持った人が一人でもいれば、物事がスムーズに進みます**よね。

逆に、気が利かない人というのは、悪気があるわけではなく、気がつかないだけのことがほとんどです。「感じるチカラ」がないだけなのです。

「感じるチカラ」は、対お客様、対企業といった重要なビジネスシーンでも絶大な力を発揮します。ですから、「感じるチカラ」がつけば、必ず信頼され、仕事を任される人になれるのです。

3 いきすぎた正義感が、「寄り添う心」を削ぐ

世界的に見て、日本人は、「折衷案《せっちゅうあん》」を出すことが得意だと評されます。AとBの二つの案があるとき、「徹底的に主張し合って、AかBのどちらか一方に決める」のではなく、「Aのよい部分とBのよい部分を合わせて、新しくよりよいC案を創り出す」、ということがとても上手なのです。

それは、日本人の精神の根底に、**「相手を尊重し寄り添う心」**と、**いい意味での「曖昧さと寛容さ」**があるからこその、なせる業《わざ》です。

ところが最近は、「白か黒か」「善か悪か」のどちらかに決めたがる日本人が増えてきたように思えます。特にSNSには、有名人の不祥事や不道徳な行ないを徹底的に追い詰め、責め立てるような発言があふれ返っています。

本人は「正義感」から投稿しているのかもしれません。**しかし、「正義感」は暴走すると、日本人の持つ「寄り添う心」や「寛容さ」をかき消してしまいます。**

そうならないためには、どうしたらよいのでしょうか。

そのヒントが、山本孝弘《やまもとたかひろ》さんの『「ありがとう」という日本語にありがとう』（JDC出版）の中にありました。

日本看護協会が主催する作文コンクールで、数年前に看護職部門の最優秀賞を受賞した作品を読んだ。佐賀県在住の齋藤泰臣さんが経験したこんな話だった。

ある日、齋藤さんが電車に乗っていると夫婦と思しき男女が言い争っている声が聞こえてきた。「電話したほうがいいよ」「いや、人の迷惑になる。駅に着いてからでいいよ」

2人はそんなやり取りを繰り返していた。互いに感情が高ぶり、次第に声が大きくなっていった。

「意識がなくても耳は聞こえるって。かけなさいよ。お義父さん、待ってるよ」「電車の中だからかけられないよ」聞く気はなくとも居合わせた乗客は状況が飲み込めた。夫の父親が危篤状態にあり、今病院で息を引き取ろうとしているのだ。緩和ケア病棟に勤務する齋藤さんにとって放っておけない場面だった。

するとその夫婦の向かい側に座っていた女性が優しく声をかけた。「電話したほうがいいですよ」それを聞いたまわりの乗客も次々と頷いた。みんなに背中を押され、男性は電話をかけた。

「お袋、親父の耳元にこの電話を置いてくれ！　親父、親父が一生懸命働いてくれたから、俺たちは腹いっぱいに飯が食えて、少しもひもじい思いをしなかったよ。心配しないでいいから。本当に、本当にありがとう……」

必死に嗚咽を抑え、最後の言葉を贈る男性。居合わせた乗客全員が、彼の父親にその声が届いていることを願う空気が車両内に流れていたそうだ。

この文章を読んで、『7つの習慣』（スティーブン・R・コヴィー著・川西茂訳　キングベアー出版）に書かれていたエピソードを思い出しました。これもまた電車の中でのお話です。

日曜日の朝、私は地下鉄に乗っていた。落ち着いて平和な雰囲気だった。そこに父親と子どもたちが乗ってきて静かな雰囲気は一瞬にして壊されてしまった。子どもたちは大声を出したり、物を投げたり、人の新聞まで奪い取ったりするありさまで、なんとも騒々しく気に障るものだった。ところが父親は目を閉じていて何もしようとしない。私はいらだちを覚えずにはいられなかった。子どもたちに注意もせず、親としてなんの責任も取ろうとしない彼の態度が信じられなかった。まわりの人たちもイライラしているようだった。

私は父親に声をかけた。「お子さんたちが皆さんの迷惑になっているようですよ。もう少しおとなしくさせることはできないでしょうか」

すると、父親は目を開け、子どもたちの様子に初めて気づいたかのような表情を浮かべ、そして言った。「あぁ、本当にそうですね。どうにかしないと……。たった今、病院から出てきたところなんです。1時間ほど前に妻が……、あの子たちの母親が亡くなったものですから、いったいどうすればいいのか……。子どもたちも混乱しているみたいで……」

その瞬間の私の気持ちが想像できるだろうか。突然、その状況をまったく違う目で見ることができた。今までのいらいらした気持ちは一瞬にして消え去った。私の心にその男性の心の痛みがいっぱいに広がり、同情や憐みの感情が自然にあふれ出したのである。

「奥さんが亡くなったのですか。それは本当にお気の毒に。何か私にできることはないでしょうか」

一瞬にして、すべてが変わった。

暴走した正義感を鎮めるには

この二つのお話に共通するのは、表面的には「迷惑行為」と思えることでも、その裏の事情が見えてきて、心情が共感できるものだったら、責める気にはならないということです。

「正義感」は大事ですが、強くなりすぎると、人を暴走させることがあります。

例えば二つ目のお話の場合、正義感が強すぎると、イライラして、「どうして騒いでいる子どもを放っておくんですか!?」と、声を荒らげてしまうことでしょう。でも、**「何か事情があるのかも」**と、父親の心情を感じようとすれば、心を落ち着けて父親を観察し、沈んだ表情に気づいて、「具合でも悪いのですか？　お子様が騒いでいますが……」と、静かに声をかけることができたかもしれません。

自分の立場だけで相手を見てしまうと、どうしても「あの人が悪い」「あの人は間違っている」という思いが大きくなってしまいます。

「あの人はどうしてああなんだ！」と、相手を責める気持ちが強くなってきたら、自分の基準に基いた「正義感」にとらわれているサインです。

そうなってしまうと、相手の心を感じる余裕はありません。「いきすぎた正義感」が「感じるチカラ」を削《そ》ぎ、相手に寄り添うことができなくなってしまうのです。

そんなときは、一度「正義感」を外し、「正しいか、間違っているか」という判断基準をいったんおいて、「何か事情があるのでは？」と、相手の立場や状況、心境を客観的に感じようとすることが大事です。

「相手の立場や心境を感じる」とは、今の自分の視点から相手を見るのではありません。相手の側に立って、相手の視点から自分を見るのです。相手に成り代わって、自分が言ったことをどう感じるのか、今、どんな心境、状況なのか、を感じようとするのです。

もちろん、すべてを感じ取ることはできません。でも、感じようと努力することが大事です。

「感じようとする心」があれば、相手に寄り添うことができます。そして少しでも共感できる部分があれば、自然とかける言葉も変わってきます。

強い口調で「なんでこんなミスをしたの!?」ではなく、静かに「こんなミスをするなんて、○○さんらしくないね……。何かあったの？」って。

相手の気持ちを感じようとする心が、「感じるチカラ」を磨くのです。

4 人はなぜ他人を許せないのか？ 脳の成長とその解決法

脳科学によると、他人への攻撃的な感情を抑制する働きは、脳の「前頭前野」と呼ばれる部位が担っているのだそうです。

先に紹介した『「ありがとう」という日本語にありがとう』のなかで、山本さんは、この「攻撃的な感情を抑制する働きを担う前頭前野」についても言及しています。

ただ「前頭前野」の発達は遅く、25歳から30歳くらいでピークを迎える。それ故、「若気の至り」という言葉があるように、若いときは自分が正しいと思ったことに抑制が利かなくなることがままあるらしい。また、成長した「前頭前野」も加齢により萎縮してしまうそうだ。特に人の言動に共感することが少ない人ほど萎縮するスピードも速いという。

………………………………

つまり、若い人がカッとなりやすいのは、未発達な面があるから。そして、重要なのはここからです。

たとえ前頭前野が十分に発達した成人であっても、人に共感しようとせず、**自分のことばかり考えているような人は、通常、加齢で脳が萎縮するよりもずっと速いスピードで脳が萎縮し、他人への攻撃性がどんどんエスカレートしていく**ということです。

経験値を高めよう。特に、この経験が爆発的成長を生む

では、人に共感する姿勢を身につけるためには、どうしたらよいのでしょうか？

それには、さまざまな「経験」をすることです。

「豊富な経験」は大きな財産です。

経験は、「こういうときには、こう感じるんだ」ということを教えてくれます。一度経験すれば、同じ経験をした人の気持ちがわかるようになります。もちろん、誰もが、あなたとまったく同じ感じ方をするわけではありませんが、経験が豊富であれば、理解できる可能性は高まります。

だから、経験を重ねれば重ねるほど、人の心に寄り添うことができるようになり、攻撃的な感情は起こりにくくなるのです。

人の心に寄り添い、相手の立場に立つことができるようになると、世の中の見え方がガラッと変わります。

今までは、一方向から、つまり自分の立場からしか見ることができなかったのに、別の角度から、つまり相手の立場から見ることができるようになります。

そうやって、いろんな人の心に寄り添えるようになると、あなたの世界は温かさと思いやりにあふれた世界に変わります。

そのために、たくさんのリアルな経験、特に「うまくいかない経験」が重要になってくるのです。

うまくいかない出来事が起きたとき、それはあなたの「感じるチカラ」をトレーニングするチャンスがきたと思ってください。そのチャンスを逃さず、いえ、そのチャンスから逃げ出さずに、「感じるチカラ」を磨きましょう。

1章の“成長戦略ロードマップ”

2章

「チームとなるチカラ」

――生きることはチーム戦。ホモ・サピエンスが勝利した秘密

あなたが所属している組織は
「グループ」ですか？　「チーム」ですか？
グループは、「同じクラス」や「同じ組織」など、
共通の性質でくくられた集団。
チームは、「全員が同じ目的に向かって
力を合わせて行動する集団」です。

職場でも、自分の成績を上げることしか
考えない集団なら「グループ」。
協力し合い、全体の底上げを図っている集団なら
「チーム」といえるでしょう。
企業も幸福な社会も、
「チーム」を求めています。
「チームとなるチカラ」を
つけることが必要です。

1 生きることはチーム戦

今、企業が新卒の学生を採用するときに最も重要視するのは**「コミュニケーション能力」**だといわれています（株式会社帝国データバンク2022年9月13日プレスリリース。2022年9月調査、有効回答企業数1550社）。


コミュニケーション能力とは、どんな能力でしょうか？

上手に話せることでしょうか？　誰とでも仲よくなれることでしょうか？

実は、そういうことの前に、**もっと大事な力がある**のです。

その力とは、実は人類の歴史に深く関係しているのだと、前出の佐藤芳直先生がウエジョビの入学式特別講演会で、学生に話してくださいました。**人類の進化において、「ネアンデルタール人が絶滅」したのに、我々「ホモ・サピエンスが繁栄」したのは、なんと、この力があったから**だというのです。ザックリまとめると、こういうことです。

これまで、旧人類の「ネアンデルタール人」と現生人類の「ホモ・サピエンス」（私たちヒト＝人間。正確には「ホモ・サピエンス・サピエンス」）は、同じ時代には存在しなかったと考えられてきました。ところが、最近の研究では、ネアンデルタール人とホモ・サピエンスが、かなりの期間、共存していたことがわかってきました。その後、ネアンデルタール人は滅びてホモ・サピエンスが生き残ります。体格や運動能力といった個々の能力では、ホモ・サピエンスよりもネアンデルタール人のほうが優れていたとされているにもかかわらず。

では、なぜ、ネアンデルタール人は絶滅し、ホモ・サピエンスは繁栄したのか？その大きな違いは「コミュニケーション能力」だといわれています。ホモ・サピエンスは進化の過程でコミュニケーション能力を手に入れたのです。ネアンデルタール人は多くても10～15人の集団にしかなれず、ホモ・サピエンスは最大100～150人の集団で行動することができました。ネアンデルタール人の10～15人というのは、だいたい血縁関係……つまり、親戚同士です。

ところが、ホモ・サピエンスは100～150人の集団ですから、血のつながりのない人も入っているわけです。

そこで大事になるのがコミュニケーション能力です。ホモ・サピエンスは、血のつながりもなく生まれも育ちも違う人たちとも、意思の疎通を図り、協力し、集団で暮らすことができました。だからこそ生き延びることができたのです。人は一人では生きていけません。誰かと関わり、支え合い、誰かに「ありがとう」と言ったり言われたりしてもらえないと、生きていけない存在なのです。

コミュニケーションは「想像」から始まる

ホモ・サピエンスはコミュニケーション能力があった、つまり、「チームになるチカラ」があったからこそ、100人以上の大人数でも、「チーム」として同じ目的に向かって協力して行動することができ、生き残ることができたのです。

数十万年前の人類においても今の時代でも、最も必要とされている「コミュニケーション能力」とは、具体的にはどういうものでしょうか。

佐藤芳直先生は、**その根幹にあるのは「想像力」**だとおっしゃっていました。相手の気持ちを想像することは、相手のために行動することにつながります。「相手の気持ちを察して行動すること」が大事だということです。

この「察する心」を世界一強力に持っているのが、我々日本人です。日本独特の文化に「阿吽《あうん》の呼吸」がありますね。「背中を見て覚える」とか、「適当にお願いします」「いい塩梅《あんばい》に」とかというのは、実は、日本独特の言い回しです。

一時期、欧米諸国から、『適当』などという曖昧な言葉を使って的確に指示を出さないから、日本の企業はダメなんだ」などと批判されました。でも、違うのです。**日本人は「察すること」ができた**のです。いちいち細かく言葉にされなくても、上司が言いたいことを察して行動でき、弟子は師匠の背中を見て仕事を覚えられたのです。「適当」という言葉の意味がわかっていたのです。つまり、**日本人ほど「コミュニケーション能力」に秀でていた民族はいない**ということ。

ところが最近、「コミュニケーション能力に自信がない」という若者が増えています。でも私は、なんとかできると思います。だって、我々は日本人なのですから。

「察して行動する」ために大切なのは、テクニックではありません。大切なのは「相手の気持ちをわかりたい」という思いと、トレーニングです。

「わかりたい」という思いが成長につながる

ある年のウエジョビの入学式で在校生代表となったY君は、新入生への「歓迎のスピーチ」で、こう切り出しました。

「私は小さいころから極度の心配症で、失敗しそうなことをずっと避けてきました。無難な道を選び、人前で話すことも苦手で、少人数の友人関係のなかだけで生きていようとしていました」

そんなふうに幼少期からずっと目立つことを避けてきたY君が、どうして入学式という大舞台《おおぶたい》で、在校生代表として、出席者たちの全視線を一身に浴びながら、自分の思いをこめたスピーチを7分間もどうどうとすることができたのでしょうか？

それは、「不安でいっぱいの新入生を、なんとか勇気づけたい」という思いがY君にあったからです。

「自分も1年前は不安でたまらなかった。でも、たった1年でこんなにも変われた。そんな自分だからこそ、伝えられること、力になれることがあるはず」

Y君はそんな思いで、自分が在校生代表として歓迎のスピーチをすると決まってから、1カ月もの間、スピーチの原稿を何度も書き直し、ようやく完成させたのです。

察しようとしないと、察することはできません。「相手の気持ちをわかりたい」と思っている人は、少しずつ察することができるようになっていきます。

Y君は、晴れの舞台で、こう読み上げてくれました。

担任の先生が、『努力は必ずしもよい結果に結びつくとはかぎりません。ときには嬉しくない結果が出ることもあります。でも、すべて自分に必要な結果です』と話してくれました。私はこの言葉をきっかけに、少しずつ挑戦できるようになりました。しかし、私一人の力では、ここまで成長することはできなかったと思います。失敗を恐れず頑張ることができたのは、クラスの仲間のおかげです。

生きることは個人戦ではなく、チーム戦です。まずは、自分が誰かを助けてみてください。仲間に嬉しいことが起こったら、一緒に喜べる人になってください。

高校時代、必要最低限の友人関係のなかだけで生きようとしていたY君の言葉とは思えません。でも、そんなY君だからこそ、チームの大切さが本当によくわかったのでしょう。

誰かを助けるためには、まわりの人を観察し、気持ちを察することが大事です。仲間が嬉しいときに一緒に喜ぶためには、仲間のことを理解し、共感することが大事です。そういうことを繰り返していけば、「チームとなるチカラ」がどんどんついていきます。

今の時代、ただ生きるだけだったら、人と接することを避け、個人戦のようにやり過ごすこともできるかもしれません。でも私は、そんな生き方は「幸せな人生」とは思えないのです。

「仲間がいれば、喜びは倍に、悲しみは半分になる」という言葉があります。

「ひとつの出来事を誰かと共有できる」ということには、経験しなければわからない価値があります。チームみんなで心をひとつにして頑張り、達成し、みんなで一緒に喜べる……。そんな、かけがえのない感動の経験を一度でもすると、もう一人では生きていけません。

「生きることは、チーム戦」。自分もチームの一員として、仲間の気持ちを察したり理解しようとしたりして、「チームとなるチカラ」をつけていきましょう。

2 配られたカードで勝つんだよ

あなたは「文句や愚痴《ぐち》を言う人」ですか？ それとも言わない人ですか？

同じ環境にいても、同じ出来事を一緒に経験しても、それに対する反応や態度は、人によってさまざまです。

でも、よく観察してみると、「いつも文句を言っている人」と「文句や愚痴を言わない人」のどちらかに分類されることがわかります。どちらのほうがまわりからの評価が高いかは、言うまでもありませんね。

実は、どちらのグループに入るかは、「覚悟」があるかないかによって決まります。海洋冒険家の白石康次郎《しらいしこうじろう》さんは、ウエジョビの学生たちにこう語ってくれました。

今、「知識」はなくても生きていけます。スマホで検索すれば全部わかるんだから。じゃぁ、**どうして学校に行くのか**って？　それは一人で家にいたら絶対に学べないことがあるから。それは「コミュニケーション」。人のなかに入っていかないとコミュニケーションは学べません。独学じゃ無理。人は、人で磨かれる。人以外では磨くことができないんです。

僕は、いろいろな社長さんたちの話を聞きますが、「成績優秀な人がほしい」なんて言う人はいません。ほしいのは、「コミュニケーション能力がある人」。

僕の時代は、「学歴社会」でした。だから、いい高校に行って、いい大学に行って、いい会社に行けば60歳の定年までいい生活ができました。でも、今はそんな会社、どこにもありません。
今、君たちは、消防士になりたいとか、建築士になりたい、病院の受付をやりたいとか考えていると思うけど、ここの会社、ここの役所っていう、ここの「箱」に入る時代は終わったわけ。箱に入ることが大事なんじゃなくて、どういう公務員や会社員になるかが大事なんです。「ここの公務員や会社員になること」を目指すんじゃなくて、「魅力的な人間になること」を目指すんです。そうすれば、どこの役所や会社からもオファーがかかりますから。

じゃぁ、どうしたら魅力的な自分になれるのでしょうか？

人は人によって魂が磨かれるんです。この人は嫌いだとか、あの人は苦手だとか、文句を言っていたらだめです。ポーカーだって、配られたカードに文句を言って勝った人はいません。**配られたこのカードで勝つんです。**ウエジョビのこの環境、この友だちで勝つ。あそこがいい、ここがいい、あの人がいい——そんなんじゃ一生勝てません。キングがいい、エースがいいではなく、このウエジョビで、この仲間で勝つんです。この親で勝つんです。それを考えれば、絶対に輝きだしますから。

「くれない族」は成長しない

「配られたカードで勝つ」――、まさに名言です。文句ばかり言っている人は成長しませんから。

「うまくいかなかったのは上司が○○してくれなかったせい」「私はこんなに頑張っているのに親は何もしてくれない」「みんな××してくれない」――こんなふうに思い通りにいかないことすべてを、まわりのせいにしている人のことを「くれない族」といいます。

くれない族は楽です。だって、うまくいかないことはみんな、まわりのせいですから。くれない族は成長しません。だって自分は悪くないのですから。

もしも今、「私は、くれない族かも」と思ったなら、あなたは気づくことができたのですから、変われるチャンスです。**今、ここで、「配られたカードで勝つ」と心を決めてください。「この場所で勝つ」「このチームで勝つ」と覚悟を決めてください。**

そして、ひとたびそうと決めたなら、文句を言っている暇はありません。この配られたカードで勝つために、自分でなんとかしなければならないのですから。

「このチームで勝つ」と覚悟を決めることが、「チームとなるチカラ」をつける第一歩です。**今いるメンバーで勝つ**と覚悟を決めた瞬間から、人は変わり、成長しはじめます。文句を言わず、自分がいる場所で、「自分がなんとかしよう！」と奮闘する姿に、人は心惹《ひ》かれ魅力を感じるのです。

3 磨くとは、「細かい傷をたくさんつけること」

「人は人によって魂が磨かれる」――海洋冒険家の白石さんは、こうおっしゃいました。スポーツや受験勉強でもよく「切磋《せっさ》琢磨《たくま》して」と言いますが、人間性を「磨く」とは、具体的にどういうことでしょうか。

磨くとは、物理的には「細かい傷をつけること」です。ダイヤも、磨製《ませい》石器も、木製の仏像や家具も、表面に細かい傷をたくさんつけることで磨かれ、ツルツルになって光り輝きだします。

これは、形のない「人間性」においても一緒です。つまり、「人間性を磨く」ためには、傷つくことが必要なのです。傷つくことで心が磨かれていきます。逆に言えば、傷つくことなくして、心が磨かれることはありません。

先日、ある大学生にこんな質問をされました。

「高校時代、人間関係でいろいろあって、友だちが一人もいませんでした。大学に入ったら友だちを作りたいと思っているのですが、高校時代に人間不信になっていて、他人から傷つけられるのも嫌だし、他人を傷つけるのも嫌です。そう考えると、人と関わることに前向きになれません。どうしたらいいのでしょうか？」

最近、必要以上に、「他人を傷つけたくない」と思う若者が増えているのではないでしょうか。そして、この「他人を傷つけたくない」という思いの根っこには、「自分が傷つきたくない」という恐れがあるように思えます。

自分が傷つきたくないから他人も傷つけたくない、そう思うのはいいのですが、現実的には、誰も傷つけずに生きていくことなんてできません。人は人と一緒にいたら、大なり小なり必ず相手を傷つけ、自分も傷つけられるのです。

でも、傷つけ、傷つけられるから人間性が磨かれるのです。もちろん、わざと傷つけようとして悪口や嫌がらせをするのとは違いますよ。そうではなくて、「傷つけたくないから他人と関わりません」「傷つけたくないから思っていることも言いません」というのでは、お互いに磨かれることがなく、成長もしないということです。

相手も勇気を振りしぼっているかも

私も今まで、傷つけるつもりはなかったのに、他人を傷つけてしまったことがあり、その結果、自分も傷つくという経験をしてきました。でも、そのおかげで、まわりの人に対するアプローチの仕方が少しずつわかってきました。

私の言葉に落ち込んでいる人の姿を見れば、「しまった！　もっと違う伝え方をすればよかった」と反省して謝り、逆に相手の言葉に傷ついたときは、「私は、あんな言い方はしないようにしよう」と心に刻み、気まずい雰囲気になったときに相手の行動に救われたなら、「私もあんな行動ができるようになりたい」と、お手本にしてきました。

そうやって、人との関わり方を学んでいくんです。

本当は傷つけないほうがいいに決まっています。ですが、傷つけることを恐れて人と関わることを避け、言うべきことを言わずに生きていくのでは、あまりにももったいない人生ではないでしょうか。

相手のためを思えば、相手にとっては耳が痛いことを言わなければならないときもあるでしょう。言わずにすませれば、お互いに傷つくことも、傷つけられることもありません。でも、それでは何も変わらず、成長もしません。そんなことで、よい仲間やチームになれるのでしょうか。

「もしかしたら彼は落ちこむかもしれない。でも、きっとこの学生なら、私の言葉を素直に受け止めて、直してくれるに違いない」――そんな思いで、私も、学生に注意することがあります。それが学生の成長や将来の幸せのためだと思うから勇気を出して伝えるのです。それが学生に本気で向き合うということだと私は考えています。

人は、これでしか磨かれない

ところで、一番硬い石は何かご存じですか？　そう、「ダイヤモンド」ですね。ダイヤの原石も磨かなければあそこまでキラキラとは光りません。では、ダイヤは何で磨くか知っていますか？　ダイヤはダイヤで磨くのです。ほかの石や金属では磨けません。硬いダイヤは、硬いダイヤでしか磨くことができないのです。

人も同じ。人も最初は石ころです。そして、人は人でしか磨くことができません。人と接することで、細かな傷がたくさんつき、それをなんとかしようとすることで少しずつ磨かれていきます。

心は磨けば磨くほど光り輝きます。

しかし、どんなふうに磨くのか、どれだけ磨くのかは自分次第。繰り返しますが、人間性を磨こうと思ったら、人と接しなければなりません。

たくさんの人と接し、お互いに磨き合うことで、人として成長できます。

それはチームとしての成長も意味します。これを繰り返していけば、自分自身もチームもどんどん磨きがかかり、不可能と思われるようなこともやすやすと成し遂げられる、素晴らしいチームになっていきます。「チームとなるチカラ」、大事ですね。

2章の"成長戦略ロードマップ"

GOAL

一生の幸せ

自分のチカラで幸せになるチカラ

整えるチカラ …… 4

楽しむチカラ …… 3

2

支え合って、
ともに生きられるようになる!

チームとなるチカラ

- 相手の気持ちを察する
- 今いる環境、仲間で勝つことを目指す
- 人と関われば、傷つくこともあると知る
- 多くの人と接して、関わり方や人間性を磨く

3章

「楽しむチカラ」

——変化の時代の「幸福感」は、人生の主導権を握ることから生まれる

エレナ・ポーターが紡いだ物語
『少女パレアナ』の主人公、パレアナの特技は「いいこと探し」。
11歳で両親を亡くし、気難しい叔母に引き取られて、
鏡もない粗末な部屋を与えられても、
「鏡がなければそばかすを見ずにすむ」と喜びます。
どんなに辛くても、常に喜びを見つけて感謝するパレアナ。

彼女のあり方に感動したまわりの人たちは、
次第に「いいこと探し」をするようになり、
最後は町中が幸せになりました。
どんな出来事も「受け止め方次第」。
「楽しむチカラ」は、
自分もまわりの人も幸せにする
パワーを秘めています。

1 自分を変えられる人、変えられない人

「なんか楽しいことないかなぁ～」「何か面白いこと、ない？」

こう口にしたことはありませんか？　こんなふうに、多くの人は自分を楽しませてくれる何かを求めます。

でも、そんな何かに頼らなくても、いつでもどこでも必ず楽しめる、画期的な方法があるのです。それを作家の喜多川泰《きたがわやすし》さんが、ウエジョビの入学式の講演で学生たちに教えてくれました。

4月になると、「自分を変えたい」という思いでウエジョビに入ってくる新入生がたくさんいます。**環境が変わるときは自分を変えるチャンスです。**高校のときとはガラッと変わって、挨拶も勉強も頑張る学生がたくさんいるでしょう。それを「ウエジョビマジック」と呼ぶ人がいると聞いています。

でも、単なる「マジック」だったら、もって3カ月です。3カ月も経つと、普通は慣れるんです。そして、ダレて、崩れていってしまいます。でも、ウエジョビには、2年間しっかり成長しつづける学生が多くいますよね。

ディズニーランドだってそうですよね。あそこは「夢の国」です。キャストの皆さんが楽しませてくれます。でも、3カ月間毎日続けてディズニーランドに通ったらどうですか？　きっと慣れて飽きてしまうでしょう。ところがなかには、いくら通いつづけても飽きない人がいるんです。この違いは何でしょうか？　僕はこう思うんです。

飽きてしまう人は、「楽しませてもらおうと思っている人」で、飽きない人は、「どんな状況でも楽しむ、と決めている人」です。

確かに、「楽しませてもらおう」と思っている人は飽きるでしょう。基本的なアトラクションはいつ行っても同じですから、受け身でいれば飽きるはずです。

でも、楽しむと決めている人は違います。「どうしたらもっと楽しめるか」を考えます。だから、何カ月経っても、何度行っても、雨でも雪でも、どんな状況でも楽しむことができるのです。

「自分は変わる」と決めた人だけが成長しつづける

これをウエジョビでいえば、「ここに来れば自分は変えてもらえる」と思っているか、**「自分はここで変わる」と決めて来ているか**の違い、ということです。

「変えてもらえる」は受け身です。受け身の人は、「言われたことさえやればいい」と考えます。そして、嫌なことや困難なことに直面したときに、「やらされている」と考えるようになります。

最初は誰でも言われた通り取り組むんですよ。大変なことでも、3カ月も経てばできるようになってくるでしょう。

ところが、「やらされている人」は、3カ月もすると「もうできるようになったから大丈夫」と慣れてきて、だんだん手を抜くようになります。

でも、「ここで変わるんだ！」と、「自分で決めて来た人」は、できるようになってきたら、**「できるようになったぞ！　じゃあ次の段階だ」と、さらに上を目指して行動しつづける**のです。

「変えてもらおう」と思っていた人は3カ月で成長のピークを迎え、「自分は変わるんだ!」と決めていた人は、どこまでも成長しつづけます。

人は、アンテナを立てて興味のあるものをキャッチしようとする生き物です。「推し」に関するキーワードは自然と目につく、といった経験は誰にでもあるでしょう。アンテナが立つと、脳が積極的にそれに関する情報を集めようとして、自然とその情報に敏感になるのです。

だから、「自分は変わる」と決めた人は、自分が変われるチャンスをキャッチするアンテナが立ちます。変われるチャンスを積極的に探して、どんどん行動するようになります。**「楽しむと決めている人」は、脳が自動的に「楽しいこと探し」をするようになるので、どんなときでも楽しい**に決まっているのです。たとえ望まない状況に置かれたとしても、楽しいことを探すアンテナを立て、わずかでも楽しいことを見つけて、それに満足することができるのです。

毎朝、「さぁて、今日も楽しむぞ!」と決めて一日をスタートしましょう。**大事なポイントは、「何があっても楽しむと決める」ことです。**そうすれば、「楽しいこと探し」のアンテナの感度もどんどんよくなります。「楽しむチカラ」がついていき、楽しい毎日が待っています。その一日が、一年が、ひいては一生が、ガラッと変わります。

2 「どんな状況でも楽しむ」と決めるとどうなるか

私が親しくさせていただいている我武者羅應援團《がむしゃらおうえんだん》の主将、伊澤直人《いざわなおと》さんが、以前、私のことをこんなふうに書いてくださいました。

私たちのライブのとき、客席に比田井先生がいると、空気がガラッと変わるんです。めちゃくちゃ盛り上がるんです。

比田井先生は、「よっ!! ガムシャラ!! 待ってました!!」と、一番に大きな声を出して、ものすごく楽しそうな表情で先頭に立って雰囲気を作ります。壇上からでも、比田井先生がどこにいるのか、すぐにわかります。比田井先生が声を出すたびに会場がどっと沸くんですよね。みんなが比田井先生に引っ張られて、心が揃っていくのがわかります。会場のテンションと一体感が一気に上がっていきます。比田井先生がこの場を心から楽しみ、盛り上げようとしてくださっている。その心意気を感じると、私たちもさらに気合が入るんです。

また、普通にみんなで話をしているときでも、比田井先生がいると、話が盛り上がって楽しいんです。比田井先生と話したことがある人は、きっとすぐに比田井先生のファンになって、「また会いたい」と思うんじゃないでしょうか。男女を問わず、いろんな人を引きつける人間的な魅力があるんです。

比田井先生は、どうしてこんなにも人の心をグッとつかみ、場の空気を一瞬で変え、みんなを引っ張っていくことができるのでしょうか？　私は、比田井先生のことを分析してみました。そして、比田井先生が持つ、「三つの素晴らしさ」に気がつきました。

ひとつ目は「明るい声」。比田井先生のあのテンションマックスの明るい声は、パワフルで人を元気にする力があります。あの溌溂《はつらつ》とした声を聞くと、私も頑張ろうという気持ちになります。

二つ目は「圧倒的なリアクション」。比田井先生は心を開いて相手を受け入れ、笑ったりうなずいたり、全身で反応してくれる。その姿勢を感じるからこそ、私たちも比田井先生の話を聞きたくなるし、こちらから話したくなる。まさに「コミュニケーションの生まれる泉」、それが比田井先生なのです。比田井先生の圧倒的なリアクションは、対面している私たちはもちろん、そのまわりにいる人たちをも楽しい気持ちにさせます。つまり比田井先生に関わると、「なんか幸せ」なのです。

三つ目は、「自ら楽しむ姿勢」。これこそ比田井先生の真骨頂です。私の目に映る比田井先生はいつも楽しそうです。それはなぜか？

比田井先生は、起こった現象に対して「楽しかった」「楽しくなかった」という区別はしません。比田井先生は「まず楽しむのだ」と自ら決めているのです。最初から楽しむと決めているからこそ、言動にも迷いがありません。一点の曇りもなく楽しいのです。

自ら楽しむと決め、自ら動き、みんなの心をつかんで一気に引っ張っていく比田井先生。「心のあり方」を大事にしている比田井先生は、自らが伝えていることをまさに実践しています。まわりを巻き込んで熱を発する人というのは、ある種の「覚悟」を持っているのだと、比田井先生の「あり方」から教わりました。

伊澤さんがこんなふうに私について語ってくれるとは、気恥ずかしいのですが、読み進めるうちに、自分でも「なるほど～」と思ってしまいました（笑）。

嬉しかったのは、**「楽しいとか楽しくないとかの前に、『楽しむ』と決めているところ**

です」と見抜いてくれたことです。これは確かにそうかもしれません。**「楽しいから、楽しむ」「楽しくないから、楽しめない」……これでは、「主導権は自分」にはありませんね。**

でも、**「どんな状態でも楽しむ！」と決めれば、主導権は自分に戻ります。**出来事に自分の心が左右されているのですから。

楽しむと決めれば、楽しいこと、幸せなこと、嬉しいことを探してどんどん行動しちゃうんです。どんどんテンションも上がります。その結果、どんな状態でも楽しめるわけです。これは、大変なことや苦手なことに取り組むときや、苦しいとき、辛いときでも同じように使えます。

どうせやるなら楽しむ

あなたにも、思うようにいかないことはたくさんあるでしょう。「自分ばかり、なぜ、こんなに大変な仕事をしなければならないんだ！」「この仕事は大嫌い。けれどこれをやらなきゃ、次に進めない……」などなど。

そんなときに、「いやだなぁ、なんとか逃げられないかなぁ」と抵抗を試みても、何も変わりません。そんなときは、「どうせやるなら楽しもう」と、考え方を切り替えることによって、気持ちまで明るくガラッと変わります。

たとえば、「この資料、１００人分コピーして綴じて、会議室に並べておいて」と指示されたとしましょう。「こんな単純作業、誰だってできるじゃないか。なんで僕なんだ!?」「あぁ面倒くさい！」という気持ちでいたら、コピーする時間は楽しくないでしょう。嫌々する仕事は、ダラダラと投げやりになりがちですし、まわりの雰囲気も悪くしてしまいます。

でも、「どうせやるなら、楽しんでやろう」と、気持ちを切り替えることができれば、「ここまでの50人分は30分かかったから、次の50人分は20分で終わらせてやろう」とか、「上司がびっくりするくらい、きれいに並べてみよう」とか、より自分が楽しめる方法を考えることができます。そうなれば、前向きに仕事に取り組めるのです。

「楽しい状況だから楽しい」ではないのですね。「どんな状況でも楽しむ」「どうせやるなら楽しむ」――こう決意して臨む人は、間違いなく上司や先輩から可愛がられます。同僚からも好かれます。一緒に仕事をしたときに、文句ばかり言っている人と、いつも楽しそうにしている人と、どちらがいいか考えたら、答えは明らかでしょう。

どんな状況でも「楽しむチカラ」を持っている人は強いものです。まわりに振り回されずに、自分で自分の感情を決めることができる、つまり、自分が「主導権を握っている」ということですから。

「楽しむチカラ」は、人生の武器となります。どんな仕事を与えられるか、どんなことが起こるかは、問題ではありません。自分が「どう受け止めるか」次第なのです。

3 あなたの「人生の主導権」を握るのは誰？

「楽しむチカラ」を持っている人、というと、私は真っ先に前出の海洋冒険家の白石康次郎さんが頭に浮かびます。ものすごく前向きでまっすぐで、とてつもない行動力がある人なのです。

白石さんは、東京で生まれて鎌倉で育ちました。小学生のころ、目の前の大きな海を見て、「あの水平線の向こうには何があるんだろう？」とつぶやいたら、そばにいた友人が「海の向こうにはアメリカ大陸があるんだよ」と教えてくれたそうです。

それを聞いて白石さんは思いました。「あの海の向こうに本当にアメリカ大陸があるのか、行って自分の目で確かめたい！」と。

そこで三崎水産高校（現・海洋科学高校）に進学して船について学び、卒業後は「ヨットで世界一周するぞ！」と決意。そのために、ヨットの単独世界一周レースで優勝経験のある多田雄幸《ただゆうこう》さんに、いきなり電話をして直接会いに行き、強引に弟子入りします。

そして、1994年、26歳のとき、ついにヨットで「単独無寄港世界一周」を成し遂げます。しかも手作りのヨットで！　当時の世界最年少記録です。単独無寄港ということは、たった一人で、どこの港にも寄らずに世界一周をやり遂げたということです。176日間かかりました。

2021年には、世界最高峰といわれている世界一周ヨットレース「ヴァンデ・グローブ」で、アジア人初となる完走をしています。なぜ世界最高峰かというと、このレースが唯一「単独無寄港無補給」だからです。燃料や食料の補給は一切なしで世界一周をするのです。

こんなにも人生を楽しみ、しかも輝かしい成績を誇る、日本ヨット界の第一人者である白石さんですが、実は、さまざまな苦労をしています。ヨットレース中にも大変なことがたくさんありました。

「待たされている」のか、「『私は待つ』と決めた」のか

2006年、白石さんは世界一周ヨットレース「5OCEANS」に出場しました。ところが、なんとレース中に1週間、まったく風が吹かない期間があったのです。ヨットは、風が吹かないと前に進めません。たとえ向かい風であったとしても、風さえ吹けば45度の角度で前に進めます。ところが、風が吹かなければどうにもなりません。ほかの選手は別の場所にいて、そちらの海域には風が吹いているので、どんどん抜かれていきます。

こんなとき、あなただったらどんな精神状態になりますか？

私だったらその1週間、「いつになったら風が吹くんだ！　いつまで待たされるんだ！」と、ずーっとイライラしているでしょう。

でも白石さんは、**「僕は『待つ』という〝積極的な行動〟に打って出ました」**と言いました。風が吹くまで「待たされている」んじゃないんです。「待つ」と決めたのです。

待たされている人に「主導権」はありません。「待たされる」という言葉は受け身です。自分以外の誰かから待たされているのですから、主導権はその誰かにあります。

「僕は待つんだ」と覚悟が決まったとき、「主導権」はこちらにきます。

心が変わると発想が変わり、発想が変われば行動が変わります。白石さんは、「せっかく風が吹かないんだから」という発想に変わり、「だったら、ゆっくり休もう。体力の温存ができる」と心静かに休めたのです。さらに、「ヨットの整備をしよう」「道具をきれいに整えよう」と、今できることにじっくり取り組み、その時間を楽しむことができました。

イライラしている人は心が落ち着かず、休むことすらできません。心身が疲弊《ひへい》し消耗していくだけです。

主導権を握るから楽しい

自ら「待つ」と決めた白石さんは、こうも言っていました。

風がまったく吹かない「凪《なぎ》」の間は、ヨットはどうにもならないんだよ。まったく前に進めないからね。でもね、こんな日は、海面がまったく波打つことなく、鏡のようになる。そんな夜、「満天の星」になったら、どうなると思う？　真っ暗で、空一面の星が鏡のようになった海面に映し出されて「満海の星」。上も下も、右も左も、前も後ろも、とにかく自分とヨット以外はすべて星だらけで、宇宙の中心に自分がいるような感覚になるんだよ。こんな光景は、どんなに景色のいい山でも見られないからね。これを見られるのは、僕だけだよ。そんなプレゼントがもらえるんだよ、「神様からのプレゼント」が。ありがたいよね。

どうですか。イライラしていたら、こんな素敵な神様からのプレゼントも楽しめないでしょう。白石さんは、さらに言いました。

これが「受け入れる」ということです。つまり、「辛い！」「嫌だ！」と抵抗していると、いつまでたっても振り回される。僕はそれを受け入れたんだよ。受け入れると主導権が握れる。主導権を握るってことは、自分の感情も自由自在にできるってことだからね。人生もそうだよ。辛いことに抵抗しているとダメだよ。受け入れると主導権が握れるんだ。主導権を握るから楽しいんだよ。

白石さんは結局、1週間もの無風状態をもエネルギーに変え、このレースは初出場ながら準優勝という快挙を成し遂げました。

これは、ヨットレースだけの話ではありません。仕事や人生も同じです。

この世の中には「理不尽なこと」「うまくいかないこと」「思い通りにならないこと」がいっぱいあります。それは誰にでも起こります。そんなときに、それを誰かのせいにして、まわりを変えようとして、でも変わらなくてイライラするのか、それとも、その「どうにもならないこと」を受け入れて主導権を握って楽しむのか……それによって、結果はまったく変わります。

「やらされている」と考えるから振り回される

例えば仕事でも、「上司からの命令でやらされている」と考えた場合はどうでしょう？

「自分は本当はやりたくないんだけれど、仕方ない……」と、嫌々やらされている「受け身」思考であるかぎり、主導権は上司にあることになります。主導権が自分にないのですから、主導権を握っている人の言動に自分の行動や感情が振り回されることになってしまいます。

こんなふうに、「やらされている」と考えている人の仕事ぶりはどんなものでしょう？

きっと、指示された以上のことはしようとしません。必要最低限の仕事しかしたくないと考えるでしょう。

それに対して、「仕事をやる」と考える人の主導権は自分にあります。仕事を指示したのは上司だったとしても、それをやると決めたのは自分です。だから「やらされている」ではなく、「仕事をやる！」という気概を持って臨みます。

すると、どうでしょう。主導権は自分にありますから、仕事を自分事としてとらえられます。少しでもよい仕事をしようと工夫しますから、仕事は楽しくなります。

自分が主導権を握っているかどうかは、心の中でどんな言葉を発しているかを考えればわかります。「やらされた」「待たされた」「イライラさせられた」――こんな**受け身の言葉が出てきたときは、主導権を手放しているサイン**です。

そんなときは、「自分がやる」「私は待つ」と、言い換えてみてください。それだけで気持ちがパッと切り替わり、主導権を握って嫌な流れを変えることができます。

何事も心の持ち方ひとつなのです。

主導権を握る人こそが、その場の流れや感情をコントロールできます。主導権を握ることができれば、ほかの人に振り回されることもありません。

これは人生も一緒であり、人生の舵《かじ》を取ることにつながります。

自分の人生の主導権を、ほかの人に握られて、振り回されていませんか？　自分の人生は自分で主導権を握り、人生の流れを自分で作りましょう。

主導権を握り、自分の人生を自分の好きなように決めて生きることほど、楽しいことはありません。

主導権を握ることこそ、「楽しむチカラ」の正体です。

3章の“成長戦略ロードマップ”

GOAL

一生の幸せ

自分のチカラで幸せになるチカラ

5 続けるチカラ

4 整えるチカラ

毎日がときめきや喜びにあふれる！

3

楽しむチカラ

- 「楽しい状況だから、楽しい」のではないということを知る
- 「どんな状況でも楽しむ」「人生を楽しむ」と決める
- 「〇〇させられている」と感じたら、人生の主導権を取り返す

4章

「整えるチカラ」

――心とあなたの部屋はリンクする。ファーストクラスに乗る人の秘密

あなたのまわりに「不機嫌な人」はいませんか?
不機嫌は罪です。
不機嫌な人は、　まわりから愛されません。
そのうえ、　まわりの人を不幸にします。
不機嫌な人に足りないもの、　それは「整えるチカラ」。
自分で自分の機嫌をとり、

自分の心を自分で整えるチカラは、
人から愛される力、
運を引き寄せるチカラでもあるのです。

1 見えるものを整えると、見えないものも整う

心がザワザワして落ち着かないときや、イライラと荒《すさ》んでいるときに、なんとかこの嫌な気持ちを整えたいと思うけれど、どうしていいかわからない――こんなことがありませんか。

そんなときは、まず**目に見える形あるものを整える**ことです。**特に自分の目の前にあるものを整えると、自然と心も整います。**

中学校教師の太田《おおた》智明《としあき》先生は、目の前のものを整えることで、いつの間にか自身の心が整い、すべてが大きく変わった、という経験をされました。

……………………

「太田君、教室を毎日掃除したら、いいクラスができるぞ」

教師になったとき、先輩の先生に言われたこの一言が、8年の歳月を超えて突如頭に浮かんできた。私が中学2年生を担任していたときのことである。

当時の私は、3回目の担任という「慣れ」もあり、生徒たちを自分の思い通りにコントロールしようとして、生徒との関係がどんどんまずくなってきていた。あの手この手を尽くすが、どれもうまくいかない。どうしたらいいのか……、と途方に暮れていたときである。「藁《わら》にもすがる思い」「背水の陣」とはまさにこのこと。私はこの「教室を毎日掃除する」という先輩教師の言葉に懸けるしかないと思った。

「そうだ、私は生徒にあれをしろ、これができてないと、毎日指図ばかりしているけれど、よく考えれば自分だって毎日学級通信を出せているわけではない。でも、生徒たちは毎日ノートを提出したり、習い事の練習をしたり、私よりもスゴイのではないか。自分が毎日何かをできるようになるまで、生徒にあれこれ指図するのはやめよう」

その日から私は、「放課後に教室の机を揃え、ホウキで掃き、下駄箱の靴を揃える」ことを「日課」とした。生徒たちはもちろん教室掃除をするが、みんなが帰ったあと、一人で掃除をすることにしたのだ。

3カ月も経ったころ、驚くことに、生徒との関係がかみ合いはじめた。が、それは掃除のおかげというよりは、中学2年も後半となり、彼らも反抗期が過ぎて少し大人になったので、話が通じるようになったのだろうと思っていた。

しかしその後も、卒業まで私は「日課」を続けた。「毎日できるようになった自分」が嬉しかった。だから次の中学校に異動となり、4回目のクラスを担任したときも、この「日課」を続けていた。不思議と、そのクラスもいいクラスになっていった。

そして、そのころにふと気がついた。「あのとき変わったのは生徒ではなくて、自分自身だったのではないか」と。かつては「教室の机は最後に当番が揃えて帰ること。それができなければ、もう一日当番やり直しだ！」などと、何かにつけて上から目線で生徒に「やらせていた」私だった。そんなふうに生徒に「やらせることばかり考えていた私」が、教室の掃除をするようになって、いつの間にか、「自分でやらずにはいられない私」に変わっていた。

毎日の放課後、生徒が帰った教室で、机をひとつずつ揃えていくと、その日の一人ひとりの顔が浮かんでくる。「今日はこの子と話ができなかったな。明日は何か話をしよう」と考えたり、ときにはその子が何を考えてここに座っているのかと思いを巡らせてみたりもした。一人で教室掃除をする時間が、いつの間にかその日の生徒との関係を振り返り、自分のあり方を問い直す大事な時間になっていた。そんな私の変化を生徒たちが認めてくれて、関係がよくなったのではないか？

私は、生徒たちとの関係がうまくいかなかったことをきっかけに、毎日「掃除」をするようになり、「今の私」になれたのだ。あの子たちに心から感謝の気持ちが湧いてきた。

「掃除をすればいいクラスができる」……先輩の言葉は嘘ではなかったのだ。

自分の部屋と心はつながっている

人の心は、いつも見ているものに似てきます。

「自分の部屋は、今の自分の心の状態を映す鏡だ」という言葉もあるくらいです。

目に見える「部屋の状態」と、目に見えない「心」は深くつながっており、部屋が雑然としているときは心の中も荒れているということです。太田先生は、目に見える教室を整えた結果、自然と目に見えない「心」まで整っていきました。それにより、自分自身も変わっていったのでしょう。

雑然と散らかった部屋では、モノをひとつ捜すのも大変ですが、きれいに整った部屋であれば、モノがある場所にも、少しの汚れにもすぐに気づけます。太田先生も、整った心で生徒の席に座ることで、子どもたちの心の機微《きび》に気づき、相手の立場に立つことができたのです。

太田先生は、こうもおっしゃっていました。

「目に見えるものを整えることで、今まで気づかずにスルーしていた大切なことが見えてくるようになります。それが人間力の向上につながるし、信頼され必要とされる人になる第一歩ですよね」

それまで気づかなかったことに気づいた人は、行動が変わります。

ファーストクラスはトイレがきれい？

そういえば、飛行機のファーストクラスとエコノミークラスでは、トイレの清潔さがまったく違うそうです。これは、掃除の回数や使う頻度が違うからではありません。

「整えるチカラ」がある人の多さの差です。

ファーストクラスに乗る人たちも同じようにトイレを使いますが、「整えるチカラ」がある人が多いので、自分が使ったあとは、次の人のことを考えて、周囲を整えてからトイレを出ます。手洗いシンクの回りが濡れていたら拭き、便座のふたを閉め、トイレットペーパーの切れ端やティッシュが落ちていたら、もちろん片づけます。

ファーストクラスは料金が高いので、一般的には、経営者や企業幹部などの富裕層が多くを占めます。そうした方々は、**「より多くの信頼を得ている人」**ともいえるでしょう。「整えるチカラ」があるからこそ、信頼もされるのではないでしょうか。企業のトップになるのには理由がある、ということです。整えるチカラのある人は、相手の小さな変化にも気づくことができるので、相手の痒《かゆ》いところに手が届くようないい仕事ができ、信頼されてトップになれるというわけです。

もちろん、企業のトップすべてに「整えるチカラ」があるとはかぎりませんし、一般の人でも「整えるチカラ」がある人はたくさんいます。ましてや、「収入を増やしたければ、掃除をして整えるチカラをつけましょう」なんてことを言う気はありません。

ただ、**「整えるチカラ」のある人は、ない人に比べて、より細かなことにも気づき、まわりの人を幸せにできる**、ということはいえるのではないでしょうか。

まずは、目の前のものを整えることから始めましょう。そうすれば、いつの間にか心も整いますし、いろいろなことに気づけるようになっていきます。そうやって少しずつ「気づく心」を磨き、「整えるチカラ」をつけていくことは、いい仕事につながり、いい人生を築く第一歩となります。

2

上機嫌が運を引き寄せる

あなたのまわりに、ときどき、（あるいはいつも？）「不機嫌な人」はいませんか？　何か嫌なことがあると、ドアをバタン！　と閉めたり、「はぁ〜〜〜‼」と大きなため息をついたり。誰が見ても「あ、あの人、何かイライラするようなことがあったんだな」とわかるくらい、不機嫌さが伝わってくる人です。

不機嫌な人のまわりにいる人は、たまったもんじゃありません。そんなことがたび重なると、まわりの人は、「あの人、今日は機嫌いいかな？」と顔色を伺い、気をつかいます。そんな不機嫌な人のもとに「いいこと」が起こると思いますか？

喜多川泰さんの『運転者』（ディスカヴァー・トゥエンティワン）という本のなかに、上機嫌がいかに大切かを教えてくれるエピソードがあります。

「あれっ？　『運転手』じゃなくて『運転者』？」と思いましたか？　そうです。テーマは「運転者」であり、「運を転じる者」という意味です。

主人公の修一は、生命保険の営業マンですが、営業成績が悪いところに追い討ちをかけるかのように、大量解約まで起こります。ツイていないことばかり、運の悪いことばかりが続くのです。でもそんなとき、「運がよくなる機会」、つまり「運を転じるチャンス」が巡ってきました。不思議なタクシーが、保険に入ってくれそうなお客さんのところに連れていってくれたのです。

ところが修一は、そのチャンスをつかみ損ねます。チャンスがきていたことに気づきもせず、その後もいつまでたっても運が転じません。さて、なぜ修一は運を転じることができなかったのでしょうか？

それは、修一が「不機嫌」だったからです。それを教えてくれた人は、こう言いました。**「人生には、運が劇的に変わるときがあるんですよ。その運をつかむアンテナの感度は、上機嫌のときに最大になるんです」**と。

私はこれを読んで、「その通り！」と思いました。誰だって、不機嫌な人に親切にしてあげたいなんて思わないでしょう。不機嫌な人に、いい情報を教えてあげようなんて、とても思えませんよね。不機嫌な人から何か買いたいと思います？　恐ろしくて関わりたくもないのでは？　つまり、上機嫌でいるということは本当に大事なのです。

思い返してみると、**うまくいっている人はいつも「上機嫌」**です。これは、うまくいっているから「上機嫌」なのではないのですよ。「上機嫌」だからうまくいくのです。

自分の機嫌は自分でとる

歴史エッセイストの白駒妃登美《しらこまひとみ》さんが、こんなことを言っていました。

「私は祖母からいつも、こう言われていました。**『自分の機嫌くらい、自分でとりなさいよ！』**って」

そうなんです、自分の機嫌を誰かにとってもらおうと思っているから、うまくいかないのです。自分の機嫌は自分でとるもの。これは決して簡単なことではありません。だから、日々、トレーニングが必要です。「自分の機嫌を自分でとれる人」になるための訓練です。

大事なのは、まずは、「あっ、今、自分は不機嫌だな」と気づくことです。気づくことができたら、次に、「どうしたら機嫌よくなれるかな？」と考えて、行動を変えていきます。

いったん不機嫌になってしまった心を、パッと一瞬でご機嫌に変えるのはなかなか大変ですが、そんなときこそ**「形入法《けいにゅうほう》」**が有効です。

「形入法」とは、「心が伴わなくてもいいから、まずは行動する」という、心の病を治すための「行動療法」のひとつです。

具体的には、心の中は不機嫌のままでかまわないので、表向きは上機嫌な人の行動をするのです。「上機嫌なふり」ですね。上機嫌な人が使う言葉を使い、上機嫌な人がしているような表情をする。不機嫌だけど、「おはよう！」と元気に言い、不機嫌だけどニコニコしてみせる。不機嫌だけど胸を張って顔を上げ、テンポよく歩いてみる……。

すると、不思議なことに、少し機嫌がよくなるのです。

これを繰り返していくと、いつの間にか上機嫌になっています。嘘だと思ったら、スキップをしながら嫌なこと考えつづけてみてください（笑）。絶対にできませんよ。

「形」から入れば、「心」はあとからついてきます。そうなれば、「上機嫌なふり」が「本物の上機嫌」になります。そしてそのうち、「あの人、いつも上機嫌だよね」と言われるようになります。

人は誰でも上機嫌な人と一緒にいたがるものです。そのほうが楽しいからです。そして、どうせ何かを買うのであれば、不機嫌な店員さんからではなく、上機嫌な店員さんから買いたいと思うものです。

どうですか？ **上機嫌な人に運がやってくるのは当然だ**と思えてきましたよね。そのためにも、自分の機嫌は自分でとれるようになりましょう。「自分の心は自分で整える」。そうすれば、運を引き寄せることができます。自分の機嫌を自分で整えるチカラは、仕事も人生も切り拓《ひら》くために大切な力なのです。

3 運のいい人、悪い人なんていない

私は、世の中には「運のいい人」と「運の悪い人」がいるのだと思っていました。ところが、前述の『運転者』のなかに、こんな言葉があったのです。

「運はいい悪いではなくて、貯めるか使うかだ」

「運」はポイントサービスのポイントのようなもので、「運ポイント」がある程度貯まると、ようやく使うことができるようになります。ですから、運ポイントを貯めもせず

に「運を使いたい」（＝いいことが起こってほしい）と考えてもダメなんですね。つまり、十分な運ポイントを貯めないとツキが回ってこない（ポイントを使えない）。しかも、運は「貯める」が先で、「使う」があと。逆にすることはできません。

たいていの人は、運を「いい」「悪い」で考えます。つまり、「運がいいか悪いかは自分の行動や感情とは関係なく、自分以外の何かによって決められている」と誤解しています。だから、うまくいかない人は、「あの人は運がいい。私は運が悪い」で終わってしまうのです。さらには、自分はなんの努力もしないで、「何かいいこと起きないかなぁ〜」と、まわりや神様に期待してしまう。これはまさに3章でお話しした「他人任せ」の、「主導権を手放した生き方」です。

でも、運がポイントと同じようなものだとすれば、どうしたら運を貯められるのかを自分で考え、自分に運が向いてくるような行動をとるでしょう。つまり、「主導権は自分」。自分で運を引き寄せることにつながります。

「こんなに努力しているのに、運を引き寄せる行動をしているはずなのに、いつまでたっても運がよくならない」と思うときは、「あぁ、今はまだ運を貯めている最中なんだな」と思ってください。

運をよくするために、今すぐ始められること

それでは、どうしたら運のポイントが貯まるのか？

それは、**「誰かに喜ばれる行動をする」**ことです。「おはよう！」と気持ちのいい挨拶をする、家事を手伝う、レジの店員さんに笑顔で「ありがとう」と言う、電車で席を譲るなど。もちろん、このように家族とか同僚とか、実際に誰かに喜ばれることも大事ですが、さらに大事なのは、**「陰徳《いんとく》を積む」こと**です。

徳とは、「人や世の中のためになる善《よ》い行ない」のことで、「陰徳を積む」とは、人に知られないように密かに善い行ないを重ねることです。誰も見ていないけれども、落ちているゴミを拾う、募金箱を見かけたら寄付をする、道端の自転車が倒れていたら直しておくなど。陰徳を積むことで、行動が整っていきます。

ここで、もうひとつ大事なことがあります。

「こんなに善行をしているのに、いつまでたっても運がよくならない……」と感じてしまったらどうなるでしょうか？　そんなふうに考えている心の状態は、上機嫌といえますか？　いいえ、明らかに不平不満でいっぱいの不機嫌な状態です。

不機嫌な人に運はやってこないのでしたね。だから、見返りを期待せずに、気分よく善行を積むほうが運がよくなるのです。

でも不思議なことに、たとえ「運ポイント」を貯めることを目的に善行を始めたとしても、次第に、そんな運ポイントがどうのということはどうでもよくなってきて、善い行ないをすること自体が、気持ちよくなってくるんです。気持ちよく善行を積む自分のことが好きになってくるのです。そういう状態になれば、自然と幸運が巡ってきます。これは、経験した人なら誰でも確信できるでしょう。

こんなふうに、「誰かのために」と善行を重ねれば行動が整い、行動が整うと心も整います。特に陰徳を積むことで、自然と「整えるチカラ」もついてくるのです。

4 不機嫌でいたら「いい仕事」はできない

上機嫌でなければ「いい仕事」はできないものです。不機嫌な状態で「いい仕事」ができた記憶は、少なくとも私にはありません。

先日、まさに「いい仕事」を目の当《ま》たりにする出来事がありました。

私は、8年ぶりに「痛風《つうふう》」に罹《かか》ってしまったのです。痛風は、「風が吹くだけでも痛い病気」というその名の由来があるくらい、罹るとメチャメチャ痛いんです。足の親指の付け根が腫《は》れて、足全体がパンパンになります。歩くどころか、ほんの少し動かすだけでも、ありえないくらい痛くて辛いのです。

発症から20日ほど経ち、ずいぶんとよくなってはきたものの、まだ完全に痛みが引いていないころ、うっかり、病院でいただいた痛み止めを切らしてしまいました。しかも休診日の土曜日の夜です。やむをえず、息子と一緒に薬局に行きました。医師に処方されるものとほぼ同じ効能がある「ロキソニン」を捜し回ったところ、ありました！

「うわぁ～、よかった！」と箱を手に取ると、「この空箱をレジに持っていって、ご相談ください」と書いてあります。そこで近くの店員さんに声をかけると、「あっ、すみません。その薬は夜7時で販売を終了しています」と、そっけない返事。

「あっ……、そうなんですね……」(ガーン)

店員さんがいるのに買えない理由もよくわからないまま、すごすごと家に帰りました。

翌日曜日の朝。「昨夜は時間外だったからダメだったのだろう、昼間なら売ってくれるだろう」と思い、また出かけました。ただ、昨日のお店には行く気がしなかったので、別のドラッグストアに行きました。そこにも「ロキソニン」はありました。ところが、箱を見ると「平日朝8時〜夜7時以外の時間帯、休日・祝日は販売をしていません」と書かれていたのです。

私はショックで呆然とし、ガックリと肩を落として佇《たたず》んでいました。すると一人の店員さんがスッと声をかけてくれたのです。

「何かお探しですか？」

「あっ、この薬なんですが……、今日は、買えないんですよね……」

「あぁ、すみません。そちらの薬は薬剤師の許可がないと販売できないものなんです。当店は、平日しか薬剤師がいないので、日曜日は販売できないんです。申し訳ありません」

と、店員さんは本当に、申し訳なさそうに説明してくれたのです。

昨日のお店では、そっけなく断られてしまったので、「どうして売ってくれないんだろう？」とモヤモヤしていたのですが、その理由がわかったので、「それじゃぁ仕方ない」と思えました。しかし、この日は3連休の真ん中の日曜日。翌日も祝日です。正直、「あと2日をどう乗り切ろう……」と途方に暮れていました。

すると、その店員さんが「あっ、少しお待ちください！　今日の当番薬局がありますから、そちらでしたら買えるかもしれません。ちょっと調べてみますね」と、その場でパソコンで調べてくれ、上田市内にある4箇所の当番薬局のうち、「一番近いのは○○薬局さんですね」と教えてくれたのです。

私は、「ありがとうございます！　助かりました！」と、○○薬局に行こうとしたのですが、「ちょっと待ってください。せっかく行かれても、もしも置いてなかったら意味がないですから、聞いてみますね！」と、電話をかけようとしてくれました。

私が、「いやいや、電話ぐらい自分でかけられますから大丈夫……」と言いかける間に、すでに店員さんは電話で、「ちょっとお尋ねしますが、鎮痛剤のロキソニンは置いてますか？」なんて問い合わせています。

そして、「あっ、あるんですね！　よかったです。ありがとうございました！」と、笑顔で頭を下げて電話を切りました。

もう、私は嬉しくなって、「いやぁ〜、ありがとうございます！　何から何まで対応してくださって本当に助かりました！」と頭を下げると、「こちらこそ、ご期待に沿えずに申し訳ありませんでした」と、私よりも深く頭を下げてくださいます。「いやいやいや、とんでもない！　ここまでしていただいて、ホント助かりました！」と、私は気持ちよくお店を出ることができました。

一緒にいて一部始終を見ていた息子が、嬉しそうに言いました。

「ねぇ、ねぇ、お父さん、あの店員さん、『ご期待に沿えなくて……』って言っていたけど、期待に沿えないどころか、期待以上だったよね！」

本当にその通りです。もう、嬉しさで足が痛いことも忘れてスキップをしたいくらいでした。

〝運は自分の知らないところで勝手に増えていく〟の真相

ところで、こういう対応は不機嫌な状態では絶対にできないのです。だって、「何かお探しですか？」と、声をかけるのはお店のマニュアル通りだったとしても、そのあとの当番薬局を調べ、さらに電話をして在庫の確認までしてくれるというのは、不機嫌なときにできるわけがないと思いませんか？ 手間も時間もかかるうえに、そのお店の利益にはならないのですから。こんなこと、マニュアルには書いてないでしょう。

その店員さんは、自分やお店の利益とは関係なく、私が困っている姿を見て、なんとか役に立ちたいという善意から行動してくれました。ただ「目の前の人を喜ばせたい」と、思いつく精一杯のことをしてくださったのです。こういう行為を「いい仕事」というのです。常に自分を上機嫌な状態に保っていなければ、こうした仕事はできないでしょう。

この2日後、たまたま上田市内で講演する機会があり、私は、思わずこの話をしてしまいました。お店の名前もバッチリお伝えし、「もう私は、薬を買うときはあの店でしか買いませんから！」とまで言い切って帰ってきたんです（笑）。

200人の上田市民にお伝えしましたから、きっとこの噂は巡り巡って、どんどん大きくなって、きっといつか、あの店員さんに大きな運のポイントとなって返っていくでしょう。そして、これこそが「運を貯める」ということなのだと思います。

さぁ、自分の心を整えて、今日も上機嫌でいきましょう！

4章の"成長戦略ロードマップ"

GOAL

一生の幸せ

自分のチカラで幸せになるチカラ

決めるチカラ …… 6

続けるチカラ …… 5

4

いつもいい気分。
幸運にも味方されるようになる!

整えるチカラ

- 自分の機嫌は自分でとる
- 不安で落ち着かなければ、
部屋や目の前のものを整える
- イライラしたら
上機嫌なふりをしてみる
- 人に喜ばれる行動をして運を貯める

5章

「続けるチカラ」

――たった1%の違いが人生最大の武器になる

「楽しむチカラ」も「整えるチカラ」も、
1日や2日なら誰でも
意識すればできるでしょう。
大事なのはそのあと。
そのあとに試されるのが、

「続けるチカラ」です。
3日、1週間、1カ月、1年……と
続くでしょうか？
「続けるチカラ」は、
あなたに自信を
もたらします。

1

人生は、これでできていたのか！

今週は、非常に怖い話である。

何が怖いかって、気が付かないうちに体の中に入り込んで、私たち自身になりすまし、私たちの意に反して動き回り、私たちの人生を操っているものがあるのだ。

古今東西、老若男女を問わず、多くの人にとってそれを制御するのは本当に難しい。それによってどれほどの人が人生を棒に振ったことだろう。

ただ、俗に言う「成功者」と呼ばれる人たちは、それを味方にしてうまくコントロールした人たちだ。彼らはそのために歯を食いしばって努力をしたわけではない。鼻歌を歌いながらやっている。

そして、その厄介な奴は、すべての人に今もぴったりくっついていて離れない。

それは何か。

これは、私が愛読している「日本講演新聞」の前身「みやざき中央新聞」の社説の書き出しです。

これを書いているのは編集長の水谷謹人《みずたにもりひと》さん。水谷さんにはたくさんの名コラムがありますが、この社説も強烈でした（2018年10月22日発行、第2763号）。読みはじめて私はドキドキしてきました。何？　なんなの？　早く答えを教えて！

それは「習慣」である。

習慣とは、何も考えずとも体が勝手に取ってしまう行動だ。意識を使わないので、その行動を取る時に、やるべきかどうか考えない。選択肢があってもどっちを選ぼうかと悩むこともない。

たとえば、朝起きて洗面所に行くべきか悩んだりはしない。食事をする時に「今日はどっちの手で箸を握ろうか」と選ぶのに時間をかけたりしない。車で帰宅する時、同乗者とおしゃべりしながらでもちゃんと家まで辿り着ける。

しかし、道を覚えるまでは意識を集中させていたし、歯磨きの習慣が身につくまでは親が毎日口の中に歯ブラシを入れてくれるのに抵抗したのではないだろうか。

しかし、一旦身につくと鼻歌を歌いながらできる。これが習慣である。

習慣は自分にとって便利で心地良いから身につくのだが、同時に楽な方に傾きはじめると困ったものになる。

本は読んだほうがいいと分かっているのに、「時間がない」とか「面倒くさい」と思っていると「読まない習慣」が身についてしまう。ダイエットしたくてたまらないのに、ついつい間食をしてしまう。

勉強するのに脳の状態が最もいいのは早朝であることは分かっていても、「あと10分」と思いながらベッドの中にいる心地良さが早起きの習慣を身につけさせてくれない。見たい番組もないのにダラダラとテレビをつけていたり、今ではそれがネットやSNSになってる人も少なくないだろう。

どうでもいい習慣を断ち切り、前向きな習慣を身につける、いい人生にはこれが必須である。（後略）

よい習慣はよい人生を創る

どうやら、人生は「習慣」でできているようです。私もわかってはいるのですが、「悪い習慣」をなくして、「よい習慣」を身につけるのは、本当に難しいものですね。ただ、こんな私でも、考えてみると、以前に比べたら間違いなく「よい習慣」が身につきました。

・家に帰ってすぐにテレビをつけない
・靴を揃える
・汚い言葉を口にしない
・腹八分目
・週に一度のメルマガ「比田井通信」の発行

20代の自分からすると、すべてが奇跡のような習慣です。特にテレビなんて、今思えばひどかった……。まず、家に帰ったら一番にテレビをつけて、寝るまでずぅ〜っと観ているどころか、寝てもついていました（笑）。あのテレビを観ていた時間を何かほかのことに使っていたら、どれだけ人生が変わっていたことか！　今はほとんどテレビを観ません。靴だって、以前は揃えなくてもなんとも思いませんでしたが、今は揃っていないと気持ち悪く感じます。

言葉については、ベストセラー『ツキを呼ぶ魔法の言葉』で有名な五日市剛《いつかいちつよし》さんの講演で、「汚い言葉を使うと、その人はそういう人生を歩む」と聴いて以来、汚い言葉を口にしなくなりました。言わなくなったというより、もう言えないのです。今となっては、よくあんなに汚い言葉を平気で口にしていたな、と冷汗が出ます。

腹八分目ダイエットは、2013年に成功して10キロ痩せまして、驚くことにその後10年以上もリバウンドしていません。「腹八分目」が完全に習慣化されました。おかげで、健康診断での各数値もグッとよくなりました。

メルマガ「比田井通信」はもう17年も書いており、完全に習慣化されました。しかも、このメルマガを続けてきたおかげで、こうしてまた本を出すことができたのですから、「続けるチカラ」はすごいですね！

こう書いてみると、私、すごいですね（笑）。こんなにたくさんの「よい習慣」をちゃんと続けられているんですから！　これからも、さらに「よい習慣」を身につけられるような気がしてきました（笑）。あっ、気づいていますか？　これは、私にかぎった話ではありませんよ。きっと、あなたにもいくつもあるはずです。昔はこうだったけど、今は自然とできるようになったということが、絶対にありますよ。だから、これからも大丈夫です。「よい習慣」は身につきます！

大事なことは、「人生は習慣でできている」と知ることです。これを知っているのと知らないのとでは大違いです。知っていれば、自分の習慣を意識するようになり、「よい習慣」を身につけようとしますから。

「人生が習慣でできている」ということは、「よい習慣」を身につければ「よい人生」となり、「悪い習慣」を身につければ、「悪い人生になる」ということです。

この本を読んで、「人生は習慣でできている」と知ったあなたは、「習慣を変えるための入口」に立つことができました。さあ、これからどんな習慣を身につけますか？　どんな人生にしますか？　あとはその足を一歩踏み出すだけです。

2 あなたが持つべき「人生の武器」

「これから、皆さんの人生が変わる話をします。期待してください」

何度か紹介させていただいた喜多川泰さんは、ウエジョビの学生を前にして、こう話しはじめました。この言葉に思わず学生はグッと身を乗り出します。喜多川さんは続けました。

でも、皆さんの人生を変えるのは僕ではありません。皆さんの人生を変えるのは皆さんです。さらに、人生が変わるっていっても、今日、突然、別の人生が始まるわけではありません。今日、変わるとしたら、人生の角度がちょっとだけ変わるということです。

ウエジョビは専門学校ですから、毎日、資格の勉強をしていますよね。よく「資格は人生の武器」っていわれますが、本当ですか？

残念ながら、「資格」は武器ではありません。言ってみれば、社会という世界に入るための「入場整理券」のようなものです。社会に出るため、就職するためには、「資格」が必要かもしれませんが、いったん就職してしまえば「僕はこの資格を持っているからいい仕事ができます」なんてことはないですよね。

では、皆さんが持つべき「人生の武器」は何か。

それは、「習慣」です。皆さんが本当の意味で身につけなくてはいけない「武器」は「習慣」なんです。ところが、人は「Maximum（最大値）」を上げようとします。本来、**上げるべきものは、「Minimum（最小値）」**なんです。

どうですか？　最後の部分の意味はわかりますか？　喜多川さん、お見事です。私は、

うなりました。

例えば、「挨拶」がわかりやすいでしょう。

「本番の面接試験のときには、もっといい挨拶をします」「大事なときにはちゃんと挨拶できます」などと言う人がやろうとしているのは、「ＭＡＸ（最大値）」を上げること。面接試験の際の挨拶だけを磨こうとします。「本番だけ、最高の挨拶ができればＯＫでしょ？」という考えです。もしかしたら、そのときはいい挨拶ができるかもしれませんが、残念ながら、「そのときだけ」です。そのとき以外はゼロ、できていない状態に戻ってしまうのです。実力ではない、ということです。

大事なことは「ＭＩＮ（最小値）」を高めること。普段の月曜の朝一に、どんな挨拶ができるかです。ウエジョビでいえば、毎回の授業で必ず行なう、最初と最後の号令で、どれだけ手を抜かずに「お願いします！」「ありがとうございました！」が言えるかですね。どんなに機嫌が悪いときでも、たとえ不意打ちでも、特に意識せずにしている普段の挨拶こそが「ＭＩＮ」であり、「習慣」で身につくもの。そして、これが本来の「実力」なのです。

人生の角度を、ほんの少し上向きにする

スポーツでもよく言うでしょう。「練習でできないことが、本番でできるわけがない」と。人はどうしても、本番の瞬間の「最大値」につい目を向けがちです。今の自分の立ち位置から、いきなり富士山の頂上まで、あたかも、ジャンプしてひとっ飛びでそこに行けるかのように、「私は、本番の日はあそこにいるんだ！」と妄想しているようなものです。

でも大切なのは「普段」です。**日々試されるのは「最小値」、つまり、毎日必ず積み上げていく「習慣」です。**足元を見て、黙々と少しずつ登っていく――これが「ほんの少しの角度の違い」です。数日くらいではわからない小さな差でも、1カ月、2カ月、半年と経てば、いつの間にか大きな差になっているでしょう。

大きなことを言うのは誰にでもできます。でも、その大きなことも、小さなことから始まります。小さなことを馬鹿にする人で、大きなことを成し遂げる人はいません。逆に、大きなことを成し遂げる人は、小さなことを馬鹿にしません。

人生の本当の武器は習慣。よい習慣を身につけ、人生の角度をほんの少しだけ上向き

にしましょう。毎日よい習慣を続けていれば、気づいたときには、思いもしなかった高みにまで登れているはずです。

3 たった1%変えればいい

多くの人が失敗するパターンがあります。

それは、何か目標ができたときや、自分を変えたいと思ったときに、いきなり大きなことをやろうとする——です。とりわけ、「自分はこのままじゃダメだ。もっとこうなりたい！」と新たな目標や大きな夢を描いたときに、「自分を変えなきゃ！」と大きく環境を変えたりするのです。

ウエジョビにも、「自分を変えたい」という思いで入学してくる学生がたくさんいます。そして見事に自分を変えることができた学生もいれば、あまり変われなかったという学生もいます。単に環境を変えただけでは、変われるとはかぎらないということです。

それはなぜなのかを、喜多川泰さんは教えてくださっています。

新たな夢や目標ができた瞬間に変えなくてはいけないもの、それは「習慣」です。

ところが、習慣を変えるのは本当に難しいことですよね。

「人間は習慣の奴隷である」という言葉があるように、人はみんな、今の習慣を変えるのが嫌なんです。今ある習慣にしがみついているんですね。でも、夢を叶えるためには新しい習慣を身につけなければならない。そこでどうするかというと、いっぺんに全部を変えようとしてしまうんです。

例えば受験生が夏休みの計画を立てます。「朝は6時に起きて朝食前に2時間英語、ご飯を食べたら図書館で3時間数学、そのあとは……」なんてね。ところが、初日からこの計画はうまくいきません。朝起きたらもう9時です（笑）。これを繰り返して、「やっぱり自分はダメなんだ……」と思い込んでしまうんです。

私も思い当たる節があります。ダイエットを試みていたころ、「よし！　明日から1時間早起きして、30分ジョギングをしよう！」と、慣れない早起きに、慣れないジョギング。1週間くらいは続いたのでしょうか、すぐにやらなくなって、また意気込んで――ということを何度か繰り返して、「やっぱり、今回もダメか……」と、そんな感じ

でした。
喜多川さんは続けます。

全部を変えようとするからうまくいかないのです。**実は、たった1％を変えればいいんです。**一日の1％を変えたら人生は100％変わるのに、なぜかみんな、いきなり100％を変えようとしてしまうんです。

一日は24時間、その1％は約15分です。学生さんには「新しい習慣を身につけるために、一日15分にすべてを捧げなさい」と伝えています。

一日15分だけ頑張って新しい習慣を身につければ、今度はそれをやめることが嫌になっていくんです。大きな目標を持って、最初はまず15分を変えてみましょう。今まで本をまったく読んでいない人だったら、毎日15分間読書をすることによって、間違いなく人生は変わっていきます。

この話を聞いて、私は気持ちが明るくなりました。一日15分くらいならなんとかなりそうです！　一日のうちのわずか1％の変化が、「人生の角度をちょっとだけ変える」ということです。この小さな努力が人生をガラリと変えます。

70日後には、まるで別人

もしも、前の日と比べて、あなたのなかのたった1%が変わったら、どうなるでしょうか？

私はこれを**「人生の複利方式」**と呼んでいます。今日のあなたを「1」とします。1%だけ成長したら次の日は1・01です。変化は微々たるものです。

でも、次の日も1%成長します。1・01×1・01＝1・0201です。これもほとんど変わりません。でも、この1%の成長を70日間続けると、なんと2・00676……となります。つまり、**2カ月ちょっとで倍も成長する**ということ。もちろん、人間の成長は数式のように簡単にはいきませんが、小さいことを積み重ねることで急激に成長した人を、私は何人も知っています。それは、勉強でもスポーツでも、ビジネスの世界でも同じです。

大きなことをいきなりやるのではなく、小さいことをコツコツ続ける——これが何か大きなことを成し遂げるためには本当に重要なのです。頑張りすぎなくていい、たったひとつのことでいい。一日15分読書をする。15分片づけをする。15分英会話を勉強する、

15分散歩する……。

わずか1%ですが、大きな1%です。一日たった15分間、新しい習慣を続けることが大きな成長につながります。この「続けるチカラ」は、あなたに自信をもたらすはずです。

4　「何度言ってもわかってくれない」の「何度」は何回？

「私だって注意しているんですよ！　何度も何度も。でも、何度言ってもわかってくれないんです」

これは、子育て中のお母さんや、後輩の指導をしている先輩社員、あるいは学校の先生方から、よく聞く言葉です。

この言葉を聞くと、思い出す話があります。

「ホスピタリティーNo.1」といわれる、あの「ザ・リッツ・カールトン・ホテル」初代日本支社長を務められた高野《たかの》登《のぼる》さんからお聞きした衝撃の基準です。

日本で初めての「ザ・リッツ・カールトン大阪」開業の際、高野さんは日本支社長として全権を任されます。当然、失敗するわけにはいきません。今では「ホスピタリティーNo.1ホテル」として名高いのですが、最初からうまくいっていたわけではありません。高野さんは支社長としてホテルスタッフに「リッツ・カールトン・ホテルの理念」を何度も伝えていました。

ところが、何度伝えてもスタッフはわかってくれません。動いてくれないのです。困り果てた高野さんは、その悩みをリッツ・カールトン・ホテル本社の運営部門トップ、ホルスト・シュルツ氏に打ち明けました。「何度言ってもスタッフがわかってくれません」と。するとシュルツ氏はこう答えました。

「君が考える、『何度言ってもわかってくれない』の『何度』というのは何回のことなんだね？　500回か？　それとも1000回？　それとも5000回かい？」

……高野さんは衝撃を受けます。シュルツ氏の考える「何度言ってもわかってくれない」の「何度」は、最低でも「500回」です。「10回や20回言っただけで『何度言ってもわかってくれない』なんて言えませんよ、最低でも500回言ってから文句を言いなさい」ということなのです。

そこで、高野さんはその日から、スタッフに何回思いを伝えたのか、数えはじめました。「リッツの理念」「リッツの想い」「リッツが目指すところ」などなど……。

伝えるといっても、正式な会議の場できちんと伝えようなんて考えたら、500回は大変ですよ。週1回会議をしても10年かかってしまいます。高野さんは気づいたらその場で、廊下だろうがホールやキッチンだろうが、事あるごとに伝えました。そうしたら「500回なんてあっという間」だったそうで、ほどなくリッツ・カールトン・ホテルは「ホスピタリティーNo.1」といわれるようになっていたのです。

私も反省しました。なかなかわかってくれない学生に10回も言っていないのに、「伝えたのに伝わらない」「わかってくれない……」と思っていましたから。そりゃあ、伝わらないわけです。まだまだです。気づかないうちに、「伝えたのにわかってくれない」と、学生のせいにしてしまっていました。

「続ける」ことは大事ですね。最低でも500回、頑張ります！

5

よい習慣は連鎖する

「続けるチカラ」は、その人の人生を変えるだけではありません。他者の心を動かし、その人生をも変える力があります。

以前、森末浩之《もりすえひろゆき》先生にウエジョビの学生たちに話をしていただいたことがあります。森末先生は、喜多川泰さんが学習塾「聡明舎」を立ち上げたときに、一緒に経営をされていた方です。「どんな生き方がカッコイイか？」について、学生たちにこう語ってくださいました。

　僕のなかでカッコいい人とは、「こうしようと決めたことを、誰にも言わずに黙々と続けている人」。なぜかというと、これをやっている人には「自信」が出てくるから。みんなも、誰かのために何かをしようと決めて、秘かにそれを続けてみようよ。続ければ、必ず自信がついてくるから。

この言葉は、学生たちの心に強く響きました。
数日後、私のもとに、Hさんという女子学生からこんなメールが届きました。

私は今日から電車通学になり、早い時間に学校へ行くことにしました。「誰かのためにする自分の役割」を見つけたからです！　何をするのかは、誰にも言いません（笑）。やり抜いたときに自分がんばったなぁ、と思いたくて、継続による自信を経験してみたくて、始めてみました。森末先生の講演を聴いていなかったら行動に移さなかったと思います。参加して本当によかったです！　素敵な講演をありがとうございました！

Hさんからのメールは、本当に嬉しいものでした。私は、彼女が何をするのか気になりましたが、「誰にも言いません」とありましたので、聞けずにいました。ところが数カ月後、今度は彼女と同じクラスのMさんから、こんな話を聞いたのです。
「この前、用事があって、いつもよりもかなり早く学校に行ったら、Hさんが一人で教室の机を拭いていたんです。私、机がいつもきれいだなぁと思ってはいたんだけど、まさか誰かが拭いてくれているとは思わなかったから、ビックリしちゃって。そしたらHさん、『見つかっちゃった』って言ったんですよ。Hさん、森末先生の話を聞いてから、毎朝、誰にも見つからないように教室の机を拭くって自分で決めて、ずっと頑張ってきたんですって」

Hさんの言っていた「『誰かのため』にする自分の役割」とは、「クラスのみんなが気持ちよく勉強できるように、みんなが来る前に机をきれいに拭いておくこと」だったのです。感動しました。

ウエジョビは、実はかなり朝早い時間に登校する学生が多くいます。自習のために毎日のように、始業1時間半前から来ている学生がいるくらいです。

そんな学生たちが来る前にすべての机を拭き終えるとなると、かなり早い電車で登校しないと間に合わないはずです。机拭きがMさんに見つかってしまった日は、大雪で電車が遅れていました。そのせいで登校が遅れ、Mさんに見つかってしまったのでしょう。

それまでずっと、何カ月間も、たった一人で、クラスのみんなのために何かしたいという一心で、地道に机拭きを続けてきたHさんは素晴らしいですね。

私も、人の役に立つことをしたい！

Mさんは、続けて言いました。

「Hさんの行動に感動して、私も、何か人の役に立つことをしたいって思って、決めたんです。私、4月から就職して車で通勤するのですが、会社の駐車場のゴミ拾いをしてから出勤することにしたんです」

私はさらに感動しました。Hさんの姿を見て、「私も何か、まわりの人のためにできることをしたい！」と決意したMさんもまた、本当に立派です。

人は心が大きく動くと、何か行動したくなります。誰かのためにと、「よい習慣」をひたむきに続けるHさんの姿はMさんの心を動かし、Mさんの行動も変えようとしています。たぶん、それはMさんの人生をも変えることになるでしょう。

Hさんの、誰かの役に立ちたいという純粋な思いは、「よい習慣」を通じて、Mさんにも伝播《でんぱ》していったのです。

「誰かのために何かをしようと決めて、秘かにそれを続ける」ことを実行したHさんは、入学して半年ほどしたころから、ガラッと変わっていました。表情がかなり明るくなっていたのです。そのワケがこの話を聞いてわかりました。

「継続による自信」を手に入れていたのですね。

「続けるチカラ」は、自信を育《はぐく》みます。

さらに、まわりの人の心も行動をも変えます。そして「誰かのために」という思いも連鎖します。「続けるチカラ」恐るべし、です。こうして、小さなことを続けることで、さまざまなことが大きく変わっていくのです。

5章の"成長戦略ロードマップ"

GOAL

一生の幸せ

自分のチカラで幸せになるチカラ

7 挑戦するチカラ

6 決めるチカラ

5

大きな夢も
実現できるようになる！
自信に満ちる！

続けるチカラ

- 毎日の習慣に気をつける
- MIN（最小値）を底上げする
- 大きく変えなくても、
  1％変えればいいと理解する
- 本当に伝えたいことなどは
  500回くらい言いつづける

6章

「決めるチカラ」

——幸福感レベルの違いは、自己決定率の高さにあった！

自分らしい人生、自分だけの人生を送るために、
最も大切なのは「決めるチカラ」です。

なぜなら、「決めること」には、
ものすごいパワーが秘められているからです。
決断した瞬間から、

あなたの心が変わり、
物事が動きだします。
どんな決断にも勇気がいりますが、
「決めるチカラ」をつけていきましょう。

1 自分の生き方、自分で決めていますか？

あなたは、**「幸せの要因」**とは何だと思いますか？

人の幸福度は、何によって左右されるのでしょうか？

ここに興味深い調査があります。神戸大学と同志社大学が、2万人を超える人を対象に調査した結果です（神戸大学経済経営研究所創立100周年記念連続シンポジウム「幸せの計り方」）。

この調査では、まず、その人の幸福度を「主観的」「客観的」の二方向からアプローチし、次の5項目との相関関係を調べました。

1. 所得（世帯年収額）
2. 学歴（出身大学の難易度）
3. 自己決定（人生の選択）

4．健康（健康状態）
5．人間関係（配偶者、職場など）

その結果、幸せな人生に最も大きく影響しているのは、**「健康」**と**「人間関係」**でした。これは納得でしょう。ただ、私にとって意外だったのはそのあとです。

残った三つの要因、**「所得」「学歴」「自己決定」**のなかでは、どれが最も影響力が高かったと思いますか？

結果は、「所得」や「学歴」ではなく、「自己決定」でした。つまり、人生における「自己決定率の高さ」が、幸福度を決める大きな要因になる、という調査結果が出たのです。しかも、三つのうち、ダントツで「自己決定」でした。

具体的には、「中学から高校への進学」「高校から大学への進学」「初めての就職」について、自分の意思で、進学する学校や就職する企業を決めたか否かを尋ねています。

「学歴」も幸福度に多少は影響していますが、かなり低い。

「所得」は、学歴に比べればかなりの影響がありましたが、人生における「自己決定」は、「所得」のスコアをはるかに大きく上回って影響している、という調査結果でした。

「幸福度」が高い人たちが手にしていたもの

「自分で決める」ことは、本当に大事なのです。それはなぜでしょうか。

自分で決めたのなら、人のせいにはできないからです。**たとえうまくいかなくても、「自分で決めたんだから仕方ない」と、自分を納得させることができるからです。**納得すれば、それ以上の怒りや不満は湧いてきません。悔しいと思えば反省もできますし、教訓として今後の糧《かて》にし、工夫して乗り越えることもできます。

その結果、人生の経験値が積み上がりますし、うまくいかなかった決断も無駄にはなりません。

逆に、人に決められたことがうまくいかなければ、安易に人のせいにすることができます。すると、「親があの大学に行けと言うから行ったのに、入ってみたらイメージが全然違ったからやめる！」などと不満たらたらになります。

「悪いのは、ほかの誰かだ」と思っているかぎり、不満が尽きることはありません。自分は悪くないのだから、反省しない、学びもしない、その結果、成長しない――。得るものは何もありません。人のせいにする人生ほど不幸な人生はありません。

ところで、国連が調査した**世界の幸福度ランキングでは、日本は51位**だそうです。こんなに豊かで治安もよくて、自然にあふれて、世界中の人々が羨む日本の幸福度ランキングが51位なんですよ（「国連世界幸福度報告書」２０２４年版）。

こんなに残念なことってあるでしょうか？　**その大きな理由となっているのが、「自己決定率の低さ」です。**調査結果でも明らかになったことですが、この「自己決定率」が日本は圧倒的に低いのだそうです。

先日、私の講演にいらした男性から、こんなメールをいただきました。

私の子ども2人は大学生です。まさに「手のかからない子」たちでしたが、今は親の言うことなんて気にも留めず、自立しすぎた大学生活を送っています。

しかも下の息子は、先月、大学から来た通知で、ほとんど単位が取れていなかったことがわかり、妻はカンカンです。いつも楽観的で「なんとかなるよ」が口癖の私は、妻に責められました。

しかし、息子は一言、**「ごめん。だけど僕の生き方は僕が決める」**。

ショックで泣き崩れた妻と、久々に長い時間をかけて話し、すでにしたと思っていた子離れを、本当の意味でしようと、互いに覚悟を決めました。最後はなぜかお互い感謝の言葉となりました（笑）。

……………………

このメールに、私は感動したのです。

まず、**「僕の生き方は僕が決める」**と言い切った息子さん。

そして、それを言えるだけの子に育てたご両親。もちろん、せっかく授業料を払って通わせたのに、そんなことを言われたら、たまったもんじゃありません。「ふざけるな！誰に育ててもらったんだ！」って怒鳴っちゃっても、おかしくないですよね。でも、世の中には、「自分で決める！」と言うことすらできずに、悩み抜いて潰れてしまう若者も多いのです。これだけの啖呵《たんか》が切れたら立派ですよ。

決めると心が強くなる

さて、あなたは、今までの人生、どれだけ自分で決めてきましたか？

「高校も大学も、親や先生のアドバイスに従って決めた」と思っているあなた、実は、最終決定は自分がしていた、ということに気づいていますか？

たとえ親に「この大学に行きなさい」と言われたとしても、本当にその大学に行きたくなければ、こっそり入試を受けないことだってできたはずです。でも、そうはしないで、自分の足で試験会場に行って入試を受けたということは、最終的に自分で決めていた、ということです。

大事なことは、「最後は自分で決めた」という自覚があるかどうかです。その意識があるかないかで、貴重な人生経験値が積み上がるか、不満だらけの人生で終わるかが決まります。

「今まで、あまり自分で決めてこなかった」と思っているあなた、目を覚ましましょう。**これからは、すべては自分が決めていると自覚していきましょう。**今からでも大丈夫です。

生きていくことは、選択の連続です。**自分は何を言い、どんな行動をとるのか。すべてが自分の決断です。**これに気づけたことは、人生において大きなアドバンテージを得たも同然です。

レストランのメニューのなかから何を選ぶか、誰と会うのか、落ちているゴミを拾うか、人が見ていないときに手を抜くか、気が進まない誘いを断るかどうか……。そうした小さなことのすべてが決断です。今日から、なんでもいいので、ひとつ何かを決めたら、「私が○○すると決めた」と確認してください。「決める」練習をしていくのです。そして、自分で決めたのですから、その結果に文句は言わないこと。

さらに、大きな問題、たとえば、恋人と別れるのか関係を続けるのか、家を買うのか、会社を辞めるのか……、そんな岐路に立ったときも、自分で決めると覚悟しましょう。**自分で決めるのだから、すべての責任は自分にある**——そうした心構えでいれば、決断する前に必ずいろいろと調べ、深く考え抜くことになります。そのプロセスが大事なのです。その過程で別の道が見つかったり、よい考えが浮かんだりすることもあるでしょう。これを繰り返しながら、少しずつ「決めるチカラ」をつけていくのです。

「決める」のは怖いですし、勇気がいります。でも、そんな不安に打ち勝って決断することができたなら、まずは、決めることができた自分を褒めてください。「自分で決められた」と。そして、**結果がどうであれ、決めることができたあなたは、確実に成長しています**。決めると心が強くなります。そして幸せになれるのです。

それを信じて「決めるチカラ」、つけていきましょう。

2 決断とは、決めて断つこと

「決断」とは、単に「決めること」をいうのではありません。**「決めて、断つ」**、それが決断です。これは奥が深いのです。ひとつの選択肢に決めた瞬間、ほかの選択肢を断つことになり、選択の余地はなくなります。「決断」するには、その覚悟が必要だということです。

そもそも、「決断」しなければならないのは、どんなときでしょうか？

「誰が見てもこっちが正しい」と明白なケースに「決断」なんて必要ありません。「決断」を迫られるときは、**何が正しいのかわからない状況のとき**です。

だからこそ、みんな迷います。「この決断は正しいのか？　別の道のほうがいいのではないか？」と。

失敗はしたくないし、「正しい側」にいたい。けれど、どちらが正しいかわからない――そんな状況で、ずっと正しい側に立っていられる唯一の方法があります。それは、

「決断しないこと」です。そして、誰かが決断した結果を見て、「だから言ったじゃないか。私はこっちのほうがいいと思っていたんだ」などと言っていれば、必ず正しい側にいられます。こういう人のことを「評論家」や「傍観者」といいます。自分はいっさい行動せずに傍観していて、誰かの結果が出てから、ああだこうだと論評し、「こうすればよかったじゃないか！」と批判するのです。

でも、同じ状況下で自分が決断する経験をしていたら、とてもそんなことは言えないでしょう。

自分で決断する人は、「プレーヤー」（実行者、競技者）となります。**プレーヤーは、結果が見えないときに決断する難しさも、勇気を出して決断したけれど、結果的に、うまくいかないことや間違えることがあるのもよくわかっています。**だから、決断した経験が豊富な人は、選んだ結果の「正しさ」を求めず、決断した人の勇気を讃えます。

最近は決断のできない傍観者や評論家が増えてきたように思います。私は、あなたにも、「決断」できる人間になってほしいと思います。

そのために、ときには失敗して、失敗は取り戻せることや、失敗から多くのことを学べることを経験してほしいのです。とにかく、たくさん決断することで、成長度合いも成長スピードも何倍も変わってきます。

「決」の字にさんずいがついている深くて重い歴史的意味

ところで、**「決」**の字には、なぜ「さんずい」がついているのかご存じですか？

さんずいは、水に関係する漢字につけられる部首です。海、湖、流、波、泳……。ところが、「決」は、どう考えても水と関係しているとは思えません。不思議だなぁと思っていたところ、その理由をイラスト書道家の和全《わぜん》さんが教えてくれました。和全さんは書道家ですから、たくさんの字とじっくり向き合っています。

「決」にさんずいがついているのは、昔、洪水のときに、川の堤防の一部を切って、氾濫《はんらん》を防いだことが由来なんですよ。つくりの「夬」は、刃物を手に持って切断することを示しています。川を決壊させることは、慎重な決断を要する重大事であることから、決意、決心などの意味となりました（参考『新訂・普及版 字統』〈白川静著　平凡社〉）

私はこれを聞いて感動しました。村を守るために上流のどこを決壊させるのか、この判断は難しいでしょう。どこを切っても、なんらかの被害は出るでしょう。被害に遭《あ》う家や田畑があるかもしれしれません。でも、それでも、より多くの人命や財産を守るためには、どこかを犠牲にしなければならない……。そんな状況で、「決」めて「壊」す。だから「決」の字には「さんずい」が入っているのです。

決壊させるには相当な覚悟が必要で、まさに苦渋の「決断」です。でも、決断しなければならない村長《むらおさ》には、悩んでいる時間はありません。川は今にもあふれそうな勢いで水かさを増しているのですから。

「重要なのは、考えることではなく決めること」。考えることは、いくらでもできます。難しいのは「この堤防を切る！」と決めることです。覚悟が必要です。

ところで、なぜ和全さんと「決」の字の話になったのか、というと、彼女の個展のポスターに、和全さんの描いた人魚姫のイラストと「決」の文字があったからです。和全さんは、こうおっしゃっていました。

「なぜ人魚姫と『決』の文字を描いたかというと、人魚姫は、魔女からもらった薬を飲んで人間になることを『決』めたからです。『人魚』という種族を捨てて人間になるというのは、大きな決断だっただろうと思って、『人魚姫』の物語から想起された一文字である『決』を選んだのです」

深いですね。このお話からもまた、何かを決めるとは、別の何かを断つこと、やめることであるとわかります。「決」の字にこめられた思いや、歴史の奥深さを知りました。「決断」には覚悟が必要ですが、決断をしたからこそ物語が生まれました。決断することから何かが動きはじめます。決断する勇気のない「評論家」になるのではなく、「決断」して人生を切り拓く人になっていきたいものです。

3 自分で決めなさい。ただし、人のせいにはするな

「決める」というテーマについて語るとき、たびたびご登場いただいている海洋冒険家の白石康次郎さんの話は外せません。

白石さんは1967年に東京で生まれ、鎌倉に引っ越しました。私の二つ年上です。小学生のときにお母さんを交通事故で亡くした白石さんは、昭和1桁生まれのお父さんと、大正生まれのお婆ちゃんに育てられます。

あまり裕福ではなかった白石家に、ストーブはありません。海から強い風が吹く冬の鎌倉は本当に寒くて、家の中でも息が白くなるほどですが、暖房器具はコタツひとつ。我が家もそうでした。そんな白石さんの家に友だちが遊びにくると、「なんで白石んちは、家の中でジャンパーを着ているの？」と言われたそうです（笑）。これも我が家と一緒（笑）。

そこで白石さんはお父さんに、「父ちゃん、ストーブを買ってくれないか」と頼むのですが、お父さんはこう言うだけです。

「康次郎、寒かったら廊下を磨け！」――動けば体も温まるということですね。

鎌倉は、夏は夏で暑いので、白石さんは今度は、「エアコンがほしい」という意味で、お父さんに「父ちゃん、夏は暑いねぇ！」と言いますが、お父さんは、「康次郎、夏は暑いんだ」で終わりです（笑）。

さらには、お母さんがいませんから、学校から帰ってきて「お腹すいた〜！」と言っても、おやつなんて出てきません。家の中に空《むな》しく「お腹すいた〜」「すいたぁ〜」「すいたぁ〜〜」ってこだまするだけ……、いえ、こだますら返ってきません（笑）。

お腹がすいたら、自分でインスタントラーメンでも作らないとお腹は満たされませんし、洗濯物も自分でたたまないといけません。すべて、自分でやるしかありません。そのおかげで白石さんは、「自分で決めて、自分が行動しないことには、何も起こらない、何も変わらない」という人生哲学を持つようになります。

そして白石さんは、小学校・中学校とまったく勉強をしませんでした。当然、テストの点数は目も当てられません。見かねた先生は、あるとき、「白石、次のテストで合格点を取らないと、『休み時間』を取り上げるぞ！」とハッパをかけました。休み時間を楽しみに学校生活を送っていた白石さんにとっては、一大事です。「生きる希望」を失うのと変わらないわけですよ（笑）。

焦った白石さんは必死で勉強して、なんと満点を取っちゃった。これで、先生が「やればできるじゃないか！」と褒めてくれて終わればなんの問題もなかったのですが、それまで先生がどんなに言っても勉強せず、0点ばかりだったのに、「休み時間をなくすぞ！」の一言でいきなり満点ですから、先生が「お前は私を馬鹿にしているのか!?」と怒りだし、お父さんが学校に呼び出されてしまいました。

白石さんは、家でお父さんの帰りを待ちながら、「きっと、こっぴどく叱られる」と腹をくくっていました。ところが、お父さんは帰ってくるとこう言ったのです。

「康次郎、もしもお前が勉強で困っているなら、塾でもなんでも通わせてやるから自分で見つけてこい。でも、お前が勉強をするとかしないとか、そんなことはどっちでもかまわん。自分で決めなさい。ただ、これだけは言っておくぞ。もしも、お前が勉強をしないことで将来困っても、絶対にそれを人のせいにはするな」

白石さんは、これを聞いて「確かにその通りだ。自分で決めて、人のせいにはしない。よし、これからも遊ぶ！」と、自己責任で遊んだそうです（笑）。

決断は、責任を伴います。そして「主導権を握る」ことができます。**決めなければ、責任を負わなくていい代わりに、主導権を手放すことになります。**

自分の人生です。決めることを恐れず、「自分の生き方は自分が決める」と言ってみようじゃありませんか。あなたの人生の主人公は、あなたです。

4 決めることで、心置きなく自分の人生を生きられる

あるとき、白石さんに、人生のターニングポイントはどこだったのかと聞くと、こう語ってくれました。

僕の人生の最初のターニングポイントは、小学1年生のとき。入学式の1カ月後に交通事故で母親が亡くなりました。突然、母親がいなくなったんです。

そのおかげで、100日以上もかかる単独無寄港世界一周ヨットレースに耐えうる精神力を養えたのかもしれません。もし母親がいたら、また別の人生を歩んだでしょう。でも、それも、きっと幸せだったに違いないと思います。僕は、両親が揃っている人のことを羨ましいと思います。お母さんという存在は、僕が手に入れられないものなんです。もしも母親がいたら、世界一周よりそっちのほうがよかったでしょう。ただ、僕は、それを手に入れることができなかったから不幸だという考えはゼロです。そのおかげで、なんでも自分で決めて、自分で行動してやってこられた。それは、母親がいなかったからです。

人生には、いいときも悪いときもありました。もうジェットコースターみたいでしたね。でも、どれも全部楽しかったな。どうして、楽しかったといえるかというと、全部、自分で決めてきたからです。

僕の生き方は、小さいころは先生やまわりの大人に反対されることばかりでした。

勉強をしないとか、水産高校に進むとか、ヨットで世界一周を目指すとか。でも、僕はいくら反対されても、「きっと、この人たちにはわからないだろう」と思っていたから、人のせいにもしなかった。人のせいにしないで自分で決めた。だから、誰のせいでもない。納得しているんです。僕が、自分の人生に納得しているんです。誰の指図も受けなかったから。

　自分の人生に納得していないと、きっと不幸でしょう。それは要するに、自分のやっていることと魂がずれている状態ですから。たとえば、「お父さんがこう言ったから」「先生がこう言ったから」と、それに従ってばかりでいたら、きっと納得できない。

　それなのに、言い訳をしている人は多いのです。

「ああ言われたからダメだった」とか「こう言われたからやめた」とか。僕は聞きたい。それって他人の軸で動いていませんか？　世間の軸で動いていませんか？　自分の軸で動いていますか？　って。僕は、自分の軸で、自分の目と耳と直感を信じて生きてきました。

これぞ白石さんの真骨頂です。どんなときも、絶対に人のせいにはしません。それは

全部、自分で決めてきたからなのですね。

白石さんのお話から、自分で決めることがいかに大切なのか、よくわかります。「人生のターニングポイント」について語っていただいたなかで、何度も「決める」という言葉が出てきましたから。

「自分で決めて、自分で行動することができたから不幸ではなかった」「自分で決めたから、自分の人生に納得している」「自分の軸で、自分の目と耳と直感を信じて生きてきた」……これらが白石さんの大きな自信になっている。

白石さんの言葉は力強さにあふれています。

さて、あなたは、今まで「決める」ことを意識していましたか？

「決めること」は大事です。どんな小さなことでも自分で決めるんだ、と意識して決めてください。迷うことも、後悔することもあるでしょう。でも、それでいいのです。

「悩んで、考え抜いて、決める」ことを繰り返すうちに、自分が大切にしている「自分の軸」が見えてきます。決めていくことで、自分の人生の舵が取れるようになっていきます。

5 決めるから自由になれる

「決めるから自由になれる」

この言葉を聞いて、「え、逆じゃない？」「決めずに選択肢を残しておいたほうが自由でしょ？」と思いませんか？「右か左か」「するか、しないか」……決めないでおくほうが、自由でいられるような気がしますよね。決めるということは、ほかの選択肢がなくなるということですから。

ところが、**「決めるから、自由になれるんです。決めないから、不自由なんです。決めないといつまでたっても迷う。この迷っている状態を不自由といいます」**と、佐藤芳直先生は言います。

もちろん、決める前に「よく考えること」は大事ですが、どれにしようか考えている状態とは、「迷っている状態」にほかなりません。ところが、ひとたび「これをやる！」と決めたら、その「迷い」からは解放されて自由です。もう悩まなくていいのですから

「やる！」と決めたことに向かって思う存分、自由にやれるのです。

「したほうがいいと思うんだけれど、どうしようかな……。うまくいかなかったら、嫌だし……」なんて、決めかねている状態を〝不自由〟といいます。悩みにとらわれていて、潔く行動を開始できません。

芳直先生は、さらにこうもおっしゃっていました。

「決断するから、条件が整う」と。今まで4500社もの企業をコンサルティングしてきたなかで、そう感じることが多くあったそうです。「条件が整ったから決断する」のではないのです。

迷うときは、どうしても、「条件が揃ったら○○します」となりがちです。「お金が貯まったらこの事業を始めます」とか、「協力してくれる人が見つかったら退職して起業します」とか。**でも、いつまで待っていても、自分が思い描くような条件が揃うなんてことはない。**結局、待っていても何も進みませんし、何も起こりません。そう！　まさに私もそうでした。20年前、私が「就職対策授業（ココロの授業）」をやると決断したら、驚くほど最高のタイミングで、いろいろな出会いや条件が揃いました。私の人生の師匠のお二人、佐藤芳直先生と木下晴弘《きのしたはるひろ》先生に出会ったのも、このときです。

あのとき、「条件が整ったら、『就職対策授業』をやります」なんて言っていたら、今になってもまだ「就職対策授業」は始まっていなかったかもしれません。

あのときはまだ、具体的に「何を話すか」「どうやって学生たちに伝えるか」は、ほとんど決まっていませんでした。**あったのは、「学生の幸せのために、今の自分にできることをする！」という思いだけでした。**でも、「就職対策授業をやる！　とにかくやる！」というあの決断がなかったら、こうして本を出すことも、講演でたくさんの方々と出会うこともなかったでしょう。

「決断」が出会いを引き寄せ、「決断」が世界を開く。

決めてしまえば、どうしようかと迷い、悩むことから解放されます。進むべき道、やるべきことがはっきり見えて、心がスッキリするのです。

そう考えれば、「悩んでいる時間がもったいない。もう決めてしまおう！」と、決める勇気も出るでしょう。

「決めるから自由になれる」――この言葉があなたの背中を押してくれます。この言葉を支えに、「決めるチカラ」を磨いていきましょう。

6章の“成長戦略ロードマップ”

GOAL

一生の幸せ

自分のチカラで幸せになるチカラ

8 立ち直るチカラ

7 挑戦するチカラ

6

幸福度も、
成長スピードも高まる！

決めるチカラ

- 自分の人生の進路は自分で決める
- 傍観者や評論家にならない
- ひとたび自分で決断したなら、結果を他人のせいにしない
- 決断すると、迷いの悩みから解放され、自由になる

7章

「挑戦するチカラ」

──失敗経験こそが人生の財産

日本は、「世界一、失敗を恐れる子どもが多い国」
といわれています。
失敗を怖れていては、挑戦なんてできません。
コロナ禍は、多くの人から挑戦する機会を奪いました。
外出禁止、人と接してはいけない、

大勢が集うイベントの中止……。
当時、行動を制限された
10～20代の多感な若者たちは、
挑戦経験が圧倒的に少ないため、
いまだに失敗を怖がり、
挑戦を避ける傾向があります。

だからこそ、
「挑戦するチカラ」を
持った若者は貴重なのです。

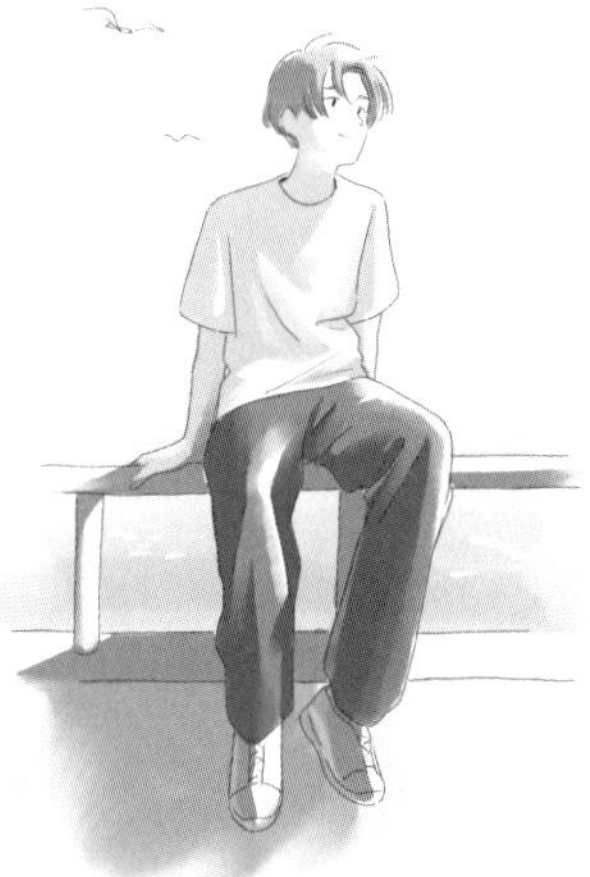

1 世界一、失敗を恐れる子どもが多い国、日本

「他人の評価が気になり、失敗したくないという意識が強い」——これは、Z世代（90年代後半から2012年ごろに生まれた世代）の新入社員を調査し分析した結果です（株式会社日本能率協会マネジメントセンター「イマドキ新入社員意識調査2021」）。

Z世代の79・0％が「失敗したくない」と考えていて、ほかの世代と比較しても、圧倒的に高い結果となっています。

実際に、学生や高校生と話してみると、「失敗するのが怖い、恥ずかしい」と、強く思っている子が、かなりの確率でいることに驚きます。

人間は本来、「挑戦心」にあふれた生き物です。赤ちゃんのころは、「失敗が怖い」という考えはなかったでしょう。誰に言われたわけでもなく何度も「寝返り」をしようとチャレンジします。教えられてもいないのに、ハイハイをして、つかまり立ちをしようとします。何度転んでもぶつかっても歩こうとし、大人がやることを片っ端から真似し

イマドキ新入社員の失敗への意識は？

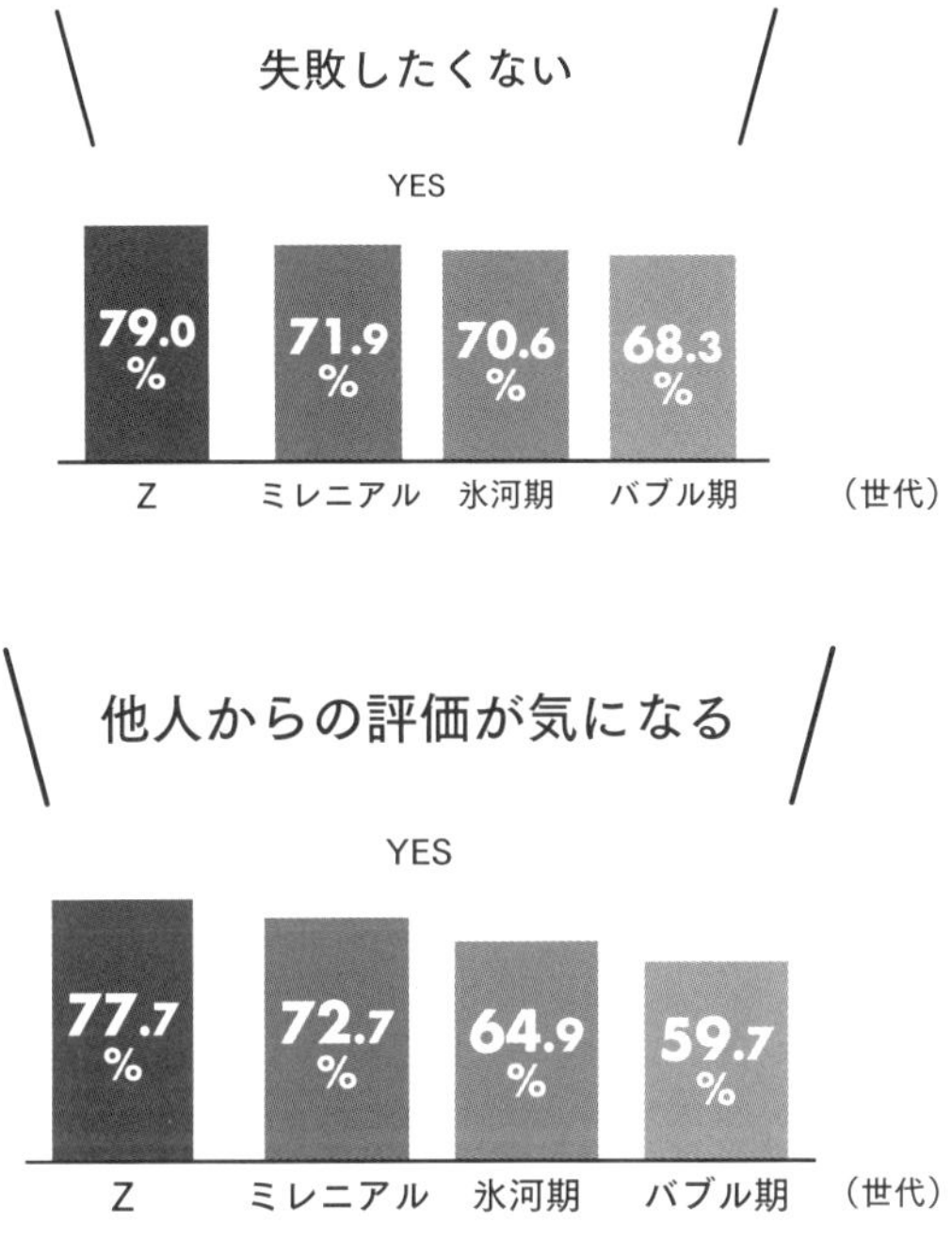

バブル期世代…主に1969年以前ごろの生まれ
就職氷河期世代…主に1969年〜80年ごろの生まれ
ミレニアル世代…主に1981年〜90年代中ごろの生まれ
Z世代…主に90年代後半〜2012年ごろの生まれ

株式会社日本能率協会マネジメントセンター「イマドキ新入社員意識調査2021」をもとに作成

て、自分もできるようになろうと毎日挑戦しています。

それを見ている親たちも、「頑張れ！」と応援し、初めて歩いたときには、涙を流さんばかりに喜んだことでしょう。

ところが子が成長するにつれ、日本の多くの家庭では失敗を叱る場面が増えていきます。例えば、パックから牛乳をコップに注ごうとすると、手も小さいし力もないので、うまく注げずテーブルの上から床にまで牛乳がこぼれます。いくら親がダメだと言っても、「自分でする！」と聞きません。朝の忙しい時間に牛乳をこぼされるとついイライラして、「だから言ったでしょ！ ダメだって！」と、牛乳パックを取り上げる……なんてことになってしまいます。

それでも、子どもは挑戦しつづけますが、挑戦して、失敗して、叱られて、挑戦して、失敗して、叱られて……ということを何度か繰り返すうちに、こう考える子が増えてきます。

「叱られるのは嫌だ。そうだ、叱られないためには、挑戦しなければいいんだ。挑戦しなければ、失敗もないのだから」

こうして、日本は「世界一、失敗を恐れる子どもが多い国」（OECD実施 PISA〈学習到達度調査〉2018より）になってしまったのです。

こうした国民性に加えて、さらに、先のコロナ禍は多くの人から挑戦する機会を奪いました。外出禁止、ソーシャルディスタンスを守れ、大勢が集うイベントは中止……。当時、10代後半〜20代前半の多感な時期に、このように行動を制限された若者たちは、圧倒的に挑戦経験が少ないため、挑戦自体を怖がり、避ける傾向があります。

ほかの国では、失敗に対して寛容で、その「チャレンジ精神」を褒めます。「挑戦した君はすごいよ！」「ナイスチャレンジ！」と。

「挑戦」をしない子どもは、将来どうなるのでしょうか？

「失敗を恐れて挑戦しない」「失敗しないとわかっているほうを選ぶ」という子が、将来、ちゃんと自立して、幸せになれるのでしょうか？

そもそも、「失敗」とはなんでしょう？

「失敗とは、自分が希望していた結果と違う結果になること」です。「こうなってほしい」と希望して行動を起こしたが、その結果が違ったときに、人は「失敗した」と思います。例えば、大学受験で不合格だったとか、就活が不首尾だったとか。

でも人間は、「成功体験」よりも「失敗体験」から学ぶことのほうが多いのです。

ということは、挑戦する人ほど、それに応じて失敗の数も増えますから、たくさん学ぶことができるのです。「挑戦しない人」は、失敗もしませんが、学ぶこともありません。なかなか成長できないのです。

「成功」の反対は、「失敗」ではない

ところで話は変わりますが、「成功」と「失敗」を皆さんはよくセットで使っていますが、実は、成功の反対語は、「失敗」ではありません。きっと、「えっ!? 違うの？」と思ったことでしょう。はい、「失敗」ではないのです。

「成功」の反対語は、「挑戦しないこと」。挑戦しなければ、成功はありえないのです。ある目的のために行動して、それが「失敗した＝うまくいかなかった」というときは、「この方法ではダメだ」ということがわかったのですから、今度は違う方法を試せばいい。ひとつ失敗した、とは、一歩、成功に近づいたことなのです。

逆に、挑戦しなければ、なんの発見も進歩もしていないのですから、なかなか成功に近づくことができないというわけです。

挑戦するから失敗でき、失敗するから成長できる。それを繰り返すうちに、やがては自分が望む未来や幸せにたどり着きます。

「世界一、失敗を恐れる子どもが多い国、日本」だからこそ、失敗できる人、つまり、「挑戦するチカラ」のある人は貴重です。たくさん挑戦して、たくさん失敗しましょう！失敗が人を成長させるのです。

2 自分を勝手にあきらめるな

何か新しいことを始めようとしたとき、まわりから「無理、無理！　やめたほうがいいよ」「そんなの、絶対にうまくいかないよ！」と言われたら、あなたはどうしますか？**猛反対されても、実行しますか？**

我武者羅應援團の武藤貴宏《むとうたかひろ》さんは高校生のとき、アメリカの大学に留学したくて英会話教室に入ろうと考えました。その英会話教室の説明会で出会ったのが、男性講師のMさんです。Mさんは留学経験があって英語もペラペラでとても頼もしく、武藤さんは一気にMさんに引きつけられます。Mさんのようになりたいと思った武藤さんは、Mさんの留学経験についていろんなことを質問しました。

Mさんは高校卒業後、世界を「観る」ために留学したいと考えていました。でも、そんなことを親に話したら猛反対されるとわかっています。そこでMさんは実力行使に出ます。誰にも知らせず、一人でアメリカに飛び立ち、到着したアトランタ空港から親に国際電話をかけ、「僕、これからアメリカで留学するから！　じゃあね！」と、そのまま留学してしまいました。決して英語がペラペラだったわけではありませんが、留学後の毎日の生活のなかで英語力をつけていきました。

Mさんは小柄で痩せていたので、留学先ではどうしても子ども扱いされ、バカにされていました。

あるとき、みんなでバスケットボールをしたのですが、背が低いMさんはまわりからまったく期待されていません。それを尻目にゴール前でパスを受け取ったMさんは、ボールを片手で持ち、高々とジャンプしてスパッと見事なダンクシュートを決めたのです！　その瞬間、Mさんを見るまわりの目が百八十度変わり、一気に人気者に。実はMさんは、垂直跳びの当時の高校生記録を持っていて、跳躍力がすごかったのです。

武藤さんにとってMさんは憧れの存在、ヒーローです。そこで武藤さんはMさんに聞きました。

「僕もMさんみたいになりたいんです！　僕もアメリカの大学へ留学できますかね？」

するとMさんはこう答えました。

「武藤君は何かするときに、『できそうか、できそうにないか』で決めるの？　できそうにないならやらないの？　そんなのつまらなくない？　肝心なのは自分がやりたいかどうか。武藤君が本気になれば、世界なんて変わるんだよ」

武藤さんは、Mさんのこの言葉に完全に心をつかまれました。

そこで高校を卒業し、一人アメリカに渡ったのです。

武藤さんはあるとき、応援メッセージのなかでこう言っていました。

「できそうなことだけやっていれば、確かに失敗はない。誰にも笑われない。でも、そんなのは、生きているっていわないんだよ。あとで振り返ったときに、心に残らない日々なんて、生きていたっていわないんだ！　人前で泣くのがカッコ悪いんじゃない。人前で泣いてしまうくらい、のめり込んでいないことのほうがカッコ悪いんだ！

私は断言する。あなたが本気になれば、世界は変わる！　あなたが一歩踏み出せば、過去の「事実」は変わらなくても、過去の「意味」を変えることはできる。だから、本気を出して一歩踏み出す前に、自分を勝手にあきらめるな！

………………

アメリカから帰ってきた武藤さんは気づきます。

Mさんに言われた「武藤君が本気になれば世界なんて変わるんだ」という言葉の本当の意味は、「本気を出せば、なんでもうまくいく」という意味ではなく、「本気になれば、そんな自分が好きになり、まわりの世界がそれまでとは違って観える」という意味だと。

つまり、何を見るかではなく、「どんな心で観るか」です。私は、「見る」の漢字は実際の目で見るときに使います。「観る」は心の目で観るときに使います。

ですから、「どんな心で観るか」が、大事だということです。同じ景色を前にしても、「自分なんてどうせ……」という心で観るのと、「自分ならなんとかなる！」という心で観るのとでは全然違った景色になります。

「できそうかどうかに関係なく、本気で挑戦すると自分が好きになり、まわりの世界も変わって観える」……すべては挑戦から始まります。

「自分を勝手にあきらめるな！」の言葉を胸に、本気で挑戦しようじゃありませんか。

3 立ち直り方を知っていれば、いくらでも挑戦できる

初めてスキーをする人に、インストラクターが最初に教えることは何でしょう？ブーツを履いてスキー板を装着したあと一番に学ぶこと、それは、「転び方と立ち上がり方」です。これをマスターしておかないと、変な転び方をしてケガをしますし、転んだあと、自分で立ち上がることができず、誰かに助けてもらわなければなりません。さらには、「転んだらどうしよう」「転ぶのが怖い」と思っているうちは、「転ばないように」と、体の余計な部分に力が入り、なかなか上達しません。

転び方と立ち上がり方をしっかり体得して、はじめて一人で滑ることができます。最初は、ゆるやかな下り坂さえも、こわごわへっぴり腰で滑っていますが、何度か「転んでも痛くないし、転んでもちゃんと自分で立ち上がれる」という経験をすると、どんどん大胆にスピードが出せるようになっていきます。こうなれば、思いきって挑戦できるのであっという間に上達します。

人生も似たようなもの。失敗したときの立ち直り方を知らない人は、「失敗しないように」と、おそるおそる生きていくしかありません。常に無難な生き方を選択します。無難とは、「難が無い」のですから、確かに安全かもしれません。でも、面白くはないでしょう。

逆に、失敗してこけても立ち上がればいいだけ、と考えられる人は、安心して挑戦できます。冒険したくなるのです。

もちろん、失敗もしますよ。でも、ときには誰もが想像をしなかったほどうまくいくこともあるのです。これが人生の醍醐《だいご》味《み》ですね。

失敗からの立ち直り方は、**「挑戦して失敗して立ち直る」**――これを何度も繰り返して体得していきます。経験値を積むことで「立ち直る感覚」がわかるようになります。しかも、失敗が多ければ多いほど、たくさんの立ち直り方を学べます。失敗の内容が違っても、前回失敗したときに、どうやって気持ちを立て直し、ミスを修復していったのかという、蓄積された経験則や感覚があなたを支えてくれます。そうなれば人生、怖いものはありません。

やりたいことに、恐れず挑戦できるようになります！

7章の“成長戦略ロードマップ”

GOAL

一生の幸せ

自分のチカラで幸せになるチカラ

当事者になるチカラ …… 9

立ち直るチカラ …… 8

7

「なんとかなる」という
安心感を持てる！

挑戦するチカラ

- やりたいことに挑戦する
- 挑戦することでしか得られない学びを得る
- 挑戦しないうちから、勝手に自分をあきらめない
- どんどん挑戦し、立ち直り方を体得していく

8章

「立ち直るチカラ」

――うまくいかないことに対する態度で人生は決まる

「立ち直るチカラ」――
それは、挑戦しつづけるために必要な力です。
「挑戦するチカラ」は
「立ち直るチカラ」があれば、
さらに威力を発揮します。
挑戦して、失敗して、

立ち直り、また挑戦して……
この経験が多いほど、人は成長します。

「立ち直るチカラ」を
つけることで、
怖いものがなくなって
いくのです。

1 神様が起こしてくれた事故

「実は僕、こう見えて、身体障がい者なんですよ！」

初めてお会いして名刺交換をしたとき、松井克《まついすぐる》さんはキラキラした笑顔でこう自己紹介してくれました。

「左足の太ももから下がないんです。この足は義足なんです。どうですか、サイボーグみたいでカッコいいでしょ！」

松井さんはズボンをたくし上げて自慢気に義足を見せてくれました。私はびっくりして、「え、ええ、そうですね」と返すがの精一杯でした。

松井さんは6年前に、仕事中の交通事故で左足の太ももから下を失いました。赤信号で停まっているトラックの後部に、ほとんどノーブレーキの猛スピードで、突っ込んでしまったのです。その瞬間を松井さんははっきり覚えていました。

「僕は赤信号だとわかっていて突っ込んだのです。なぜそんなことをしたのかはわからないけれど、赤だとわかっているのに止まらなかったんです。でも、事故を起こしたおかげで、たくさんのことを教えてもらいました。左足を失くしたおかげで、たくさんのものを手に入れることができました」

それまでの松井さんは、医薬品商社の凄腕営業マンでした。営業マンは、お客さんに安心感や信頼感を与える「見た目」が大事であるにもかかわらず、彼の髪は金色のボウズ頭。当然、お客さんからも会社からも、「なんだ、アイツは」という目で見られていました。でも松井さんは、一人で営業所の売上の半分以上を占めるトップ営業マンですから、会社は見て見ぬふり。松井さんもそれがわかっていて、「これが俺のスタイルだ！売上さえ上げていれば文句ないだろ！」と言わんばかりに、がむしゃらに働きます。

トップの売上を守るために、寝る間も惜しんで、家庭も顧《かえり》みず、毎日働きづめで、「俺がトップだ！　絶対に負けるもんか！」と、そんな気持ちでいました。仕事ができない同僚を見れば、心の中で、「できないなら、できるようになればいいじゃないか。努力が足りないんだよ、努力が！」と、上から目線で毒づいていました。

事故を起こす直前までの松井さんは、自分にも家族にも無理を強《し》いる毎日で、心も身体もギリギリの状態でした。トップを守るためにと、自分で自分を極限まで追い詰めていたせいで、こんな状況から逃げたいという思いが、どこかにあったのでしょうか、松井さんは死にたいと思っていたわけでもないのに、赤信号だとわかっていながら、なぜかブレーキを踏めませんでした。その結果、トラックに突っ込んで左足を失い、右足も複雑骨折。

「左足がない……仕事もできない。これからどうやって生きていったらいいんだ？　なんで俺ばっかりこんな目に」――松井さんは絶望のどん底にいました。

そんな松井さんに、お医者さんは言います。

「松井さん、左足はなくしたけど、命だけは助かったからよかったね」

こんなふうに言われて、すぐに「そうですね。よかったです！」なんて思えるでしょうか？　私だったら、とてもそうは思えません。

でも、松井さんはそのとき、**「確かにそうだ！」**と思えたのだそうです。まわりを見れば、もうずっと寝たきりで起き上がることもできない人や、意識もなく、チューブにつながれている人も多くいます。そんななか、「自分は両手を自由に使えるし、義足をつければ歩くこともできる！」と。絶望から希望へと心が切り替わった瞬間、松井さんはハッと気づきました。

「こんな事故が起きたのは、もしかしたら、自分の今までの生き方に問題があったからじゃないか？　もしかしたら神様が、『もう、いい加減にしたほうがいいぞ』って教えてくれていたんじゃないか？」

そのときから松井さんは、生き方をガラリと変えました。それまでは自分のことしか考えていなかったのに、まわりの人のことを考えるようになったのです。

入院中は、少しでもほかの患者さんたちに元気になってほしくて、毎日、みんなと楽しく話すよう心がけました。談話室で盛り上がっていると、別の病棟の患者さんまで、「楽しそうだから、仲間に入れてもらってもいいかい？」と加わることも増え、松井さんのまわりにはたくさんの人が集まり、楽しく入院生活を送っていたそうです。

すると、松井さんの病棟の患者さんたちの回復が、驚くほど、異常なほど早くなったのです。もう治る見込みが薄い状況の人までも、どんどん回復していったので、お医者さんもビックリして、「なんで？」と大騒ぎになったとか。

「病は気から」とは、本当なのですね。松井さん自身も、医師の予想よりはるかに早い1年半で社会に復帰。看護師さんたちから「奇跡の社会復帰」と言われたそうです。

「僕は、左足を失わなかったら気づきませんでした。あんな生き方じゃいけないんだと気づかせるために、神様は、僕をトラックに突っ込ませたんだと思います」と、松井さんは言います。

今、松井さんは「与えられたこの命を誰かのために役に立てたい！」との思いで、キャリアカウンセラーとして若者の未来のために活躍されています。こんな経験をされた松井さんですから、きっと若者たちに大きな勇気を与えていることでしょう。

この辛い出来事は、私に何を教えようとしているのか

何か悪いことが起こったときに、「なんで自分ばかりがこんな目に……」と被害者意識を持つか、「この出来事は、私に何を教えようとしているんだろう？」と考えるかで、その後の心のありようも行動も、まったく違ったものになります。

「なんで自分ばっかり……」と被害者意識を持つ人は、運が悪いとか、まわりの人のせいにします。それでは立ち直れませんし、心の中はいつまでも不満でいっぱいです。

逆に、「この出来事は、自分に何を教えようとしているんだろう？」という視点を持てば、**自分に何か改めるべきところがあるのかも**と省《かえり》みることができます。本当に辛いことがあったときほど、深く自分のあり方や自分の人生を見つめ直す、いい機会となります。

心を支える魔法の言葉

「人生で起こるどんな問題も、何か大切なことを気づかせてくれるために起こる。だから、自分に解決のできない問題は起きない」

この言葉は、何かあったときの私の「心の支え」です。辛いこと、納得のいかないこと、うまくいかないことがあったとき、私はいつも、この言葉に立ち返ります。

目の前で起きることにはすべて意味があり、大切なことを教えてくれています。その「大切なこと」に気づけたとき、次の一歩が踏み出せます。

「何か意味があるに違いない」と考えること、これが「立ち直るための第一歩」です。何かあったときに、自然とそう考えることができるようになったら、「立ち直るチカラ」がついてきたサイン。そう考えれば、「立ち直る勇気」が湧いてきて、次の行動を起こすことができます。何かあったときには、**「この出来事は何かを教えようとしてくれているに違いない」**と考えてみてください。被害者意識を捨て去り、自分の足で立ち上がることができます。そして、立ち上がったあとのあなたは、何倍も素敵になっているのです。

2 見事な負けっぷりを見せる

大きな失敗をしたとき、恥ずかしいと思って、つい、それを隠そうとしてしまったことはありませんか？　でも実は、失敗したことよりも、失敗を隠そうとすることのほうが恥ずかしいのです。うまくいかなかったときこそ顔を上げ、前を見て、堂々と振る舞える強さを持ちたいものです。

海洋冒険家の白石康次郎さんは、２０１６年に世界一周ヨットレースの最高峰「ヴァンデ・グローブ」に出場しました。このレースが行なわれるのは4年に一度。ヨットに乗れるのはたった一人で、どの港にも寄らず、食料なども最初に全部積み込み、１００日ほどかけて世界を一周する過酷なレースです。

予選でいい成績を上げたチームだけが出場できるのですが、ヨットには何億円という莫大な費用がかかります。白石さんのヨットは全長約19メートル。衛星通信機器もつけ、荒れ狂う南氷洋を乗り越えるような、危険で大掛かりなものですから、ヨットの準備だけで数年、数十人がかりで作ります。当然、費用も数億から、場合によっては数十億円かかるわけですから、ヨットを準備するだけでも大変です。白石さんは、何年もかけてスポンサーを探し、ヨットを準備し、チームを編成して、2016年にやっと夢のヴァンデ・グローブ出場を叶えました。アジア人初出場でした。

ところが、スタートから28日後、ケープタウン沖で、ヨットのマストが突然真ん中から折れてしまったのです。無念のリタイアとなり、さすがの白石さんも、これには心も折れました。30年以上憧れつづけ、何年もお願いしつづけてやっと出資してくださったスポンサーさんたち、一緒にヨットを作り上げてきた何十人ものチームスタッフ、何年も応援してくださっている地元の方々、ヨット仲間、テレビ番組のプロデューサー、家族……たくさんの人の顔が思い浮かび、涙が止まりません。

リタイアを決めた白石さんは、ヨットからこんなメッセージ動画を上げました。

今回のヴァンデ・グローブはリタイアを決断しました。応援していただいた方々、本当に今までありがとうございました。

このレースは、どんなに苦しくても最後まで笑顔でいようと心に決めていましたが、今回ばかりはそうもいきませんでした。もう涙も枯れ果てました。

このために人生をかけて全力で取り組んできましたが、力及ばずこのような結果になってしまい、お詫びの言葉もございません。しかし、天は僕に大きな試練こそ与えましたが、命までは取らなかったようです。顔を洗って出直してこい、ということでしょうか……。

……………………………

画面には、疲れ果て、涙ながらに語る白石さんが映し出されました。こんなに落ち込んで憔悴しきった白石さんを見たのは初めてです。

ところが、それから4日後、ケープタウンに着いたその日のインタビューではこう語っていました。

……………………………

本当は日本人初出場、初完走を目指したかったんですが、ヴァンデ・グローブは新参者には厳しいみたいです。でも、レースがなくなるわけじゃないし、海がなくなるわけでもないし、次を目指して精一杯、チャレンジしつづけます!

今回、たくさんの子どもたちにも応援していただいて、ハッピーエンドにはならなかったけれども、今、僕が子どもたちにできることは、「見事な負けっぷり」を見せることだけです。それしかないんですよ！　愚痴らないで、腐らないで、恐れないで、これからもチャレンジしつづけます！

私は涙が出ました。「子どもたちに見事な負けっぷりを見せる！」とは、さすが白石さんです。リタイア後の憔悴しきった状態から、たった4日でこんなに前向きな言葉が聞けるとは思いもしませんでした。この4日間に何があったのでしょう？

失敗したって、また挑戦すればいいだけ

リタイアして3日間は、「もう、これ以上頑張れない……」と思ってたんだ。でも、SNSのコメントを見てみたら、みんな「よくやった」「誇りを持って！」って言ってくれている……。それを見たら嬉しくて嬉しくて、「よし、もう一度やろう！」って思えました。それはみんなのおかげです。

こう語って最後にまた涙を流しました。
白石さんは、リタイアした直後、逃げも隠れもせずに私たちにメッセージを送ってく

れました。あらゆる手を尽くしたあとの憔悴しきった姿、涙、精一杯の言葉。

一言も言い訳をせず、取り繕《つくろ》ったりもせず、ありのままの姿をさらけ出した白石さんの姿に、私はとにかく早く立ち直っていつもの白石さんに戻ってほしいと、祈る気持ちでいっぱいでした。だからこそ、SNSでも、誰も白石さんを責めなかったのでしょう。むしろSNSは、「ありがとう」「感動した」の言葉であふれていました。

白石さんを応援することで、一緒になって夢を追いかけ、感動し、涙し……心が震えるような経験をすることができました。こんなにも頑張ってくれた白石さんには、私もただただ「ありがとう」の言葉しか見つかりませんでした。

それから10日後、帰国した白石さんを迎えに羽田空港に行くと、白石さんはこう話してくれました。

「僕の挑戦は、今回は失敗だったかもしれないけど、でも、せっかく失敗したんだから、そのことを子どもたちに伝えたいんです。子どもたちには、どんどん挑戦してほしいんです。**失敗したって、また挑戦すればいいだけなのだから。**次は4年後。4年後のヴァンデ・グローブを目指します」

なんとすがすがしい言葉でしょう。「せっかく失敗したんだから」なんて、なかなか言えません。「みんなのおかげです」と、感謝の涙を流し、「失敗したってまた挑戦すればいいだけだ」と力強く語る白石さんに、私のほうが励まされました。

白石さんは、まさに「見事な負けっぷり」を見せてくれました。「負けっぷり」とは、単に「負けた姿を見せること」ではありません。「負けたあと」が大事です。

負けたあと、負けたことをどうとらえ、どう行動し、どう立ち直っていくか。

それを白石さんは教えてくれました。顔を上げて失敗したことを認め、言い訳せずに自分を正直にさらけ出し、そして感謝する――そんな見事な負けっぷりを見せることが、「立ち直るチカラ」になっていくのですね。

このリタイアからすっかり立ち直った白石さんは、その4年後、次のヴァンデ・グローブで、16位でフィニッシュし、アジア人初の完走を遂げました。さらにその4年後の「ヴァンデ・グローブ2024-2025」では、前回よりも4日早い90日、24位でゴール！　白石さんは、日本人最多、5度目の世界一周を果たしたのでした。

白石さんの考え方、そして生きざまには感服です。こんな人だからこそ、白石さんと出会った人は誰でもその人柄に惹かれ、応援したくなるんですよね。

3 認める。すると立ち直れる

前向きだとかポジティブだということを、「落ち込まない」ということだと誤解していませんか？　現実には、辛くて前向きになれないときや落ち込むことは、誰にでもあるでしょう。以前、白石さんに、「失敗したときに、どうやって気持ちを立て直すのですか？」と尋ねたことがあります。白石さんといえば、今までお伝えしてきたように、いつも前向きで、どんな困難にぶち当たっても、明るく乗り越えているイメージがありましたから。ところが、意外な答えが返ってきました。

「僕は、よくポジティブだっていわれるけれど、**僕だって落ち込みます。落ち込むんだけど、そのあと、素早く立ち直るから、ポジティブだっていわれる**んだよね。ポジティブっていうのは、落ち込まないということではなくて、自分の失敗を素直に『認める』ことなんだよ。『もう、お手上げです！』って。だから、立ち直りが早いんです。認めるから立ち直れるの。逆に、認めないと、言い訳するんですね。そうすると落ち込みは長引きます。いつまでも引きずります。認めると、引きずらなくてすむんですよ」

前向きな人とかポジティブな人とかいうと、「どんなときでも前向きで、ポジティブに物事を考え、落ち込まない人」ととらえがちです。ところが、そんなことは至難の業です。誰だって落ち込むことがあるのが自然です。

でも、「いつも前向きでいなきゃ。落ち込んじゃいけない」と考えてしまうと、「落ち込んでいる自分」を認めたくないから、その原因となった失敗も認められなくなってしまうのです。「これは自分の失敗じゃない」と言い訳を考えます。

「今回は、あの人があんなことをしてしまったから仕方がない」「今は、世間がこんな状況だから、やむをえない」というように。そして、いつまでも引きずります。

これは苦しいですよね。「本当は自分に反省すべき悪い点があったから、失敗して落ち込んでいる」という事実があるのに、それを認めたくないがために、一生懸命抵抗しているのですから。本心でわかっているのに、それを抑え込んで、苦し紛れの言い訳を考えている状態ですから、これはきついですし、イライラします。

さらに、年を重ねれば重ねるほど、役職が上になればなるほど、プライドが邪魔をして自分の失敗を認められなくなります。だからこそ、若いうちから素直に失敗を認める練習をしておいたほうがいい。

うまくいかないことに対する態度で人生は決まります。いつまでも引きずるのか、言い訳をするのか、なんとかしようと行動するのか。うまくいかなかったときには、その人の「あり方」がはっきりと出ます。そのときの「あり方」で人生の方向性が決まるのです。人のせいにしてばかりの人生なのか、前向きに進む人生なのか。

だから、失敗してしまったときは、失敗したことも、それで自分が落ち込んでいることも、潔く認めてさっさと楽になりましょう。認めると、スーッと気持ちが楽になります。悩みや落ち込みを手放すことができると、その重さから解放されて、次へ進め、立ち直ることができます。

失敗を認めることからすべてが動きだします。潔く認めれば、素直に謝ることもできます。自分が悪いのですから、言い訳も必要ありません。**失敗したときは、「認める、謝る、言い訳しない」が、「立ち直るチカラ」をつけるコツです。**

「本当にカッコいい人」とは、「失敗をしない人」ではありません。失敗をしないということは、そもそも挑戦していないということですから、そのほうがカッコ悪いでしょう。自分の失敗を潔く認められる、そんな本当にカッコいい大人を目指しましょう。

8章の“成長戦略ロードマップ”

GOAL

一生の幸せ

自分のチカラで幸せになるチカラ

今を本気で生きるチカラ …… 10

当事者になるチカラ …… 9

8 …… **立ち直るチカラ**

怖いものがなくなっていく！

- 辛い出来事から何を学べるか考えてみる
- 挑戦して失敗しても恥じる必要はないことを知る
- 失敗や落ち込みは、認めると次に進めることを知る
- 落ち込んでもいい。早く立ち直ればいい

9章

「当事者になるチカラ」

——リーダーには一目でわかる、信頼できる人、変革できる人

「当事者意識」とは、

「自分がやらなきゃ、誰がやる！」

という心のあり方のこと。

当事者意識の高い人が組織にいると、
その組織は繁栄します。

どんなことでも常に「自分事」としてとらえ、
「なんとかして問題を解決しよう」
「どうすればもっとよくなるだろう」
と考え、すぐに行動するからです。

そんな人は、社長や上司からも信頼され、
仕事を任されます。

「いい仕事ができる人」とは、
「当事者になるチカラ」を
持った人なのです。

1 僕はもう傍観者ではない

ある年の2月。私は、長野県のある高校に講演に行きました。対象は3年生。三学期の授業も終わり、卒業目前です。この時期、ほとんどの子は進路が決まっていて、あとは卒業式を待つばかりですから、気持ちはもう「遊びモード」です。そうなると、講演会でも、何人かは最初から下を向いていて寝る気満々です。

それでも最近、私も大人になりまして……(笑)、そういう生徒たちを目にしても腹は立ちません。だって、自分が彼らの立場だったら、きっと「だるいから寝よう」と思うでしょうから。ですが、私は、やっぱり「いい仕事」がしたい。どうせ講演をするなら、「期待していなかったけど、今日の講演は聴いてよかった」と思ってもらえる時間にしたいのです。

さて、そのときも一人、最初から私の目の前で思いっきり下を向いて寝ている男子がいました。前から3番目の席ですが、その前の2席は誰も座っていません。きっと私を避けたのでしょう(笑)。その結果、その寝ている子が私から丸見えなのです。そこで私は、その子の前の椅子に座ってみました。まさか、そんなことをする講師はいないでしょう。会場がザワザワして、ただならぬ気配にその子は起きてくれました。

私「ねぇ、君、昨日、寝るのが遅かったの？　いつもこうなの？」
その子「はい」
こう質問した場合、とりあえず「いいえ」と答えるパターンの子のほうが多いのですが、その子は悪びれることもなく、「はい」と言いました(笑)。
私「あぁ、そう。で……、このあとはどうするの？　話、聴いてくれる？」

こんなやり取りをしはじめると、まわりの子まで「なになに？」という雰囲気になって、全員がこちらを注目してくれます。その彼には申し訳ないですが、これでその場の空気が一気に変わり、みんなが私に興味を持ってくれます。「この人、いつもの講師とちょっと違うぞ」という目で見てくれるようになります。
そしてその子は、私の「このあとは聴いてくれる？」という質問に、「えぇ、まぁ」と曖昧に答えました。そこで私は、尋ねました。

「ねぇねぇ、君のこと、『A君』って呼んでもいい？」（会場　笑）

「はい、Aでお願いします」

「じゃあ、A君、心を変えるためのいい方法を教えてあげる。それはね、『形』から入ることなんだよ。心なんて変えなくていいから、まず『形』を変えてごらん。――ちょっと、みんな、他人事《ひとごと》じゃないよ。みんなもやるんだよ。姿勢を変えてごらん。3年間、この高校で習ってきた、「人の話を聴くのにふさわしい姿勢」をやってごらん。これ以上無理ですっていうぐらい、いい姿勢だよ」

私は会場中を見渡します。みんな姿勢を正してくれます。ところが、近くに腕を組んだままふんぞり返って座っている子がいたので、その子のところにも行って笑顔で声をかけました。

「ちょっと、ちょっと、これが人の話を聴くのにふさわしい最高の姿勢なの？」

彼は、本当はわかっているので腕組みをやめて、さっきよりはいい姿勢になって座ってくれました。

「えぇ〜！　そんなもんじゃないでしょ！」と言うと、さらにいい姿勢になってくれました。

「そうそう、それが正しい姿勢！　いいね！」

そしてまた、さっきのA君のところに戻って、
「どう、A君、……おっ、さっきよりだいぶよくなった！　でも、もっと胸張れない？」と言って、背中をさすりながら背筋を伸ばしてやります。かなり硬かったです。姿勢の悪い子は、高校生ならもう18年間、ずっとその姿勢で生活してきていますから、そう簡単には直りません。正しい姿勢をするとキツい。でも、直せないわけじゃありません。辛そうでしたが、「よし、この姿勢で最後まで聴いてくれる？」と、無理やり形を変えました。

これは、前にも説明した「形入法」です。その字の通り「形から入る方法」。「心を変えるにはまず形から」です。みんなが姿勢を正してくれたので、会場全体がだいぶ話を聴く空気に変わりました。

その講演では、「あり方」の話から、第2章でも触れた「くれない族」の話をしました。なんでも人のせい、まわりのせいにばかりして、「あの人は○○してくれない」「××してくれない」と文句ばかり言う人のことです。そして、「与える者は与えられる」ということや、「感謝の心」をテーマに話して終わりました。

僕は以前の僕じゃない。なぜならヒダカズさんの講演を体感したから

その日の夜。私のもとにたくさんの感想メールが届きました。A君の隣の隣に座っていたC君からも、こんなメールが届きました。

こんばんは。A君の2席左にいたCといいます。はじめに謝らなければならないことがあります。僕は中学生のときにもヒダカズ先生の講演を聴いたことがあります。そのとき、ヒダカズさんのことを、失礼な話ではありますが、この人は別にすごい人ではないのだという印象を持っていました。

なので、講演会の最初は、姿勢を崩して、言葉を受け入れる態勢ができないまま参加してしまいました。しかし今回の講演会を聴いて、体験して、ヒダカズさんがとてもすごい人だとわかりました。A君の心を開き、演者として関わりにくいであろう寝ている人や、場を乱している人に積極的に声をかけて（……途中、おしゃべりをやめない女子グループにも「いつもこうなの？」と私がアプローチしたことを言っているのだと思います）、あの場にいた約200名の心と目をヒダカズさん

に向けさせたあの力は、ほかの人にはやれと言ってもおそらくできないような、素晴らしい能力だと思いました。

ところで今、僕の友だち同士がある原因ですれ違っています。グループ課題を5人でやっていたらしいのですが、そのうち2人がそれに参加せず、結局残った3人で課題を完了させ提出したといいます。3人のうちの1人がA君です。A君はまだ進路が決まっておらず、大学入学試験のできも悪かったと聞いています。だからA君は参加しなかった2人をとても恨んでいます。僕も同じ立場だったら恨みます。

しかし、ここでいけないのは、課題を完了させた3人が、参加しなかった2人を遠ざけようとしていることです。グループのうち、A君を含めた3人と、参加しなかったうちの1人B君はもともと中学から4人で仲がよく、縁が続いていた人でした。だから僕は、その縁を続けてほしいと思っているのですが、現実はそううまくはいきませんでした。

ですが、僕は以前の「傍観者の僕」とは違います。なぜならヒダカズさんの講演会をリアルタイムで体感したからです。僕は、彼ら4人の縁をもう一度結び直すことに尽力しようと思いました。

その結果がどうなろうが、このまま何も話さずに終わってしまったらつまらないし、自分の経験上、そうなれば一生つきまとう、足枷《あしかせ》になってしまうと考えたためです。4人のうちA君とB君に今足りないものは、会話だと考えました。まずは、2人が会話をすることができるように手助けしていきたいです。そう思えるほどに、ヒダカズさんの講演会の内容は衝撃的でした。この衝撃はきっと、これからの僕の人生を大きく変えることでしょう。

……………………………………

私は、C君のことをよ〜く覚えています。C君は、途中から目つきが違っていました。姿勢が違っていました。食い入るように私の話を聴いてくれていたのです。

C君は、「僕はもう傍観者ではない」と言いきっています。A君とB君の2人に足りないのは会話だ！　とまで断言しています。C君、当事者意識の塊《かたまり》ですね。

2 当事者になって、はじめて物事が動きだす

実は、A君からもメールが届きました。

こんばんは。今日は本当にありがとうございました。前のほうの席でお世話になったAです。僕は中学のときにも先生の講演を聴いていて、そのときは苦手な人だと感じていたので、今日も、最初のうちはほとんど話を聴かず、態度も失礼なものでした。本当にごめんなさい。

しかし、姿勢を変えて、話す人に対して身体を向けて聴いた「くれない族」「与える者は与えられる」「感謝の心」「思いやり」について、僕は普段から「くれない族」であり、人に与えず、感謝、思いやりがないと気づきました。僕の進路がまだ決まっていないということも、人が助けてくれないから、人がわかってくれないからと考えていたからかなと思います。そして、進路について考えることができること自体に感謝できていなかったと思います。

また、最近、友人たちとグループ課題をやっていて、何もしていない友人に対して、何もやってくれない、手伝ってくれないと思っていました。しかし、それも自分が、その友人に何も与えていないからかなと考えました。

自分はまわりの人に、特に一番感謝すべき家族に対しての感謝や思いやりがなかったと気づきました。それも、どうせわかってくれない、といった思いが原因と考えました。

そんな自分に気づかせてくれて、本当にありがとうございます。このままの自分では、自分が嫌なので、そして、人を傷つけることも嫌なので、自分を変えるために、まず、今日教わった「形から入ること」をやってみます。

日々の感謝の言葉や、人がしてくれないではなく、自分からできること、人に与えることを意識して、やっていきます。

拙《つたな》い文でごめんなさい。本当にありがとうございました。


A君、拙くなんてありません！　素晴らしい文章です。A君の思いが見事に伝わってきました。

A君は、私が「形入法で、まず、姿勢を変えてごらん」と言ってから、どんどん姿勢がよくなっていきました。普通は、みんなの前で「正しい姿勢で聴いてね」と言うと、そのときだけはちょっとよくなるものです。でも、もともと姿勢の悪い子は、正しい姿勢はきつく辛いので、時間が経つと元の姿勢に戻っていくのです。ところがA君は、姿勢がどんどんよくなっていったのです。もう、まさに別人です。表情も全然違っていました。さらにメールまでくれたのです、最初は寝ていたA君が！

「姿勢」を変えて聴いたら、私の話がス～ッと彼の心に入っていったのですね。形入法、恐るべしです。

もしも、あのとき私が、「私も一生懸命しゃべるので、A君も一生懸命に聴いてください。意識を変えて聴いてくださ い」などと言っていたら、A君は、そのときは、「わかりました」と返答したとしても、形ができていないので、すぐに「グゥ～」と寝てしまったかもしれません。

それにしてもA君は素晴らしい。例の課題を手伝ってくれなかった友だちに対しても、「僕が今まで、何も与えてこなかったから……」と気づいてくれました。気づいた人は強い。いやぁ～、A君、見事です。感動しました！

ちなみに、私は講演で毎回、こんな奇跡のようなことを起こしているわけではありません。こんなことはめったにありません（笑）。

A君の場合は、きっとタイミングがよかったのでしょう。A君はこのとき、まだ進路が決まっていなくて困っていました。だから私がその姿勢を見て、「このまま生きていくの？」「このままでいいの？」と聞いたときに、「考え中です」と答えたのでしょう。

私は、聞き逃しませんでした。彼は困っていたからこそ、自問自答して考えていたのです。「自分はこのままでいいのか？」と。

そして、C君もまた、A君とB君のことをずっと気に病んで困っていたのですね。人は、本当に困ると、藁にもすがります。今までは絶対にやらなかったことをやり、絶対に聴かなかった人の話も聴きます。「困ったこと」を解決するためのアンテナを高く張り巡らし、少しでもヒントになりそうなことがあれば、「自分のことだ」「自分にはこれが足りないのかもしれない」と、当事者意識を持って取り入れるようになります。「ピンチはチャンス」です。

傍観者でいるうちは、問題は解決しません。問題をグッと引き寄せて当事者として考えられるようになって、はじめて物事が動きだします。それは自分が大きく変わるチャンスでもあります。

当事者意識があるかどうか、上司や社長はすぐわかる

当事者意識があれば、間違いなく「人財」になれます。

例えば、一対一で上司から直接、「これをやっておいて」と指示されたら、あなたはきっと「ハイッ!」と答えられるでしょう。

では、上司があなたを含む3人に向かって言ったらどうですか? 3人くらいなら

「ハイッ！」と言えるかもしれません。では、10人に向かって言ったらどうですか？30人だったら？

何人であろうと当事者意識のある人は「ハイッ！」と言えるはずです。当事者意識の持てる人は、仕事への取り組み方も行動も、目のつけどころも違います。でも、そんな意識がない人は、当事者意識がある人の行動の素晴らしさにさえ気づきません。

では、「あの人は当事者意識がある」と気づける人とは、どんな人でしょうか？　それは同じく当事者意識がある人です。

じゃあ、頼んだ仕事に対して、一番、当事者意識を持っているのは誰ですか？　**その仕事を命じた人、上司や社長です。**トップの人からすると「当事者意識のある人」がいると本当に助かります。だから評価も高いし、目をかけられるのです。

同じ仕事を頼んでも、当事者意識がある人は、その仕事の質が全然違います。仕事をするうえで当事者意識を持つには、形入法として、まずは「ハイッ！」と元気な返事をすることです。これだけで、自分の意識も変わります。

3 自分が発した言葉で未来が創られる

「心」は、何でできていると思いますか？

「言葉」です。自分の心は、「今までに自分が聞いた言葉」で作られています。

例えば、「ダメな子だ！」と言われつづけて育った子は、「自分はダメな人間だ」と思い込みがちです。逆に、いつも「あなたなら大丈夫だ」と言われて育った子は、「自分は大丈夫だ。なんとかなる！」と思うでしょう。だから、親が子にかける言葉は本当に大事です。

では、20代のあなたは、今まで誰の言葉を一番聞かされてきましたか？ 親でしょうか？　先生？　友だち？

いいえ、違います。1歳、2歳のまだ話せない幼児であれば、一番聞いているのは親の言葉だといえます。でも、20年も生きていたら、違うはずです。

一番聞かされてきたのは、「自分自身の言葉」です。 間違いなく、あなたは、あなたが使った言葉を一番聞いています。声に出さずとも、心の中で思う言葉もすべて、あなたの心は聞いています。つまり、20代にもなれば、**自分が使った言葉で、自分の心はできている**のです。

それなのに、誰かに言われた言葉によって自分の心が作られると考えてしまうと、どうしても、それを誰かのせいにしたくなってしまいます。「親のせいで」「上司のせいで」——そんなふうに誰かのせいにするのは、自分の人生なのに、その道筋を他人に委《ゆだ》ねているようなものです。そんな人生、つまらないですよね。

どうですか？　普段、心の中で、どんな言葉をつぶやいていますか？

「あぁ〜、仕事、嫌だなぁ〜」「どうせ私なんて」「ウザッ」「ダルい」「ムカつく」「マジきもい」……そんな、汚い言葉を使っていませんか？　「汚い言葉」を使う人は、「汚い人生」を歩みます。私も以前は汚い言葉を使ってしまうことがありましたが、「自分の心は自分の言葉でできている」と知って以来、口に出すときも、考えるときも、汚い言葉を使わないようにしています。

そうして、かれこれ19年が経ち、もはや、「汚い言葉」が使えなくなりました。正確には、たま〜に言ってしまうことがありますが、言ったあとはものすごく嫌な気持ちになります。やはり、汚い言葉を使うと、心が汚くなるのですね。汚い言葉だとわかっていながら、それでも使いつづけていると、だんだん自分の心が汚れていることにも気づけなくなっていきます。そのままいけば、人生がそうしたものになってしまうのも当然でしょう。だって、心が汚いのですから。

だから、汚い言葉を使わずに、きれいな言葉やポジティブな言葉を使いたいものです。「ありがとう」「嬉しい」「いいね！」「楽しい」「すごいね！」「素晴らしい」……そんな言葉を使っていけば、自然と言葉通りのいい人生になっていくのではないでしょうか。

自分の言葉で自分の心を作っていくのです。

今からでも、あなたが使う言葉――話す言葉、思う言葉、書く言葉――あなた発のすべての言葉を変えましょう。そうすれば、未来は確実に変わります。

自分の人生を創っていくのは自分です。自分の人生の責任者は自分です。

4 自分が源泉

私の人生を大きく変えた考え方のひとつに、**「自分が源泉」**というのがあります。

この言葉は木下晴弘先生に教えていただきました。木下先生には鈴木博《すずきひろし》先生という師匠がいらして、その師匠から教わった言葉だそうです。

木下先生は、以前、関西の大手進学塾で講師をしていました。その塾では、生徒が講師を評価するシステムがあったのです。講師がどれだけ人気があるのか、どれだけわかりやすい授業をしているのかが点数化され、そのまま給与に反映されます。シビアですね〜、考えるだけでもゾッとします。

木下先生は、その評価で満点を取るほどの「カリスマ講師」として絶大な人気を誇っていました。ただ、最初からそうだったわけではありません。はじめのうちは、生徒はふざけて授業を聞いてくれませんでしたから、テストの点数も上がりません。当然、木下先生への評価も低い。木下先生は必死で評価の高い先輩の授業を見学して授業を工夫しますが、それでも生徒からの評価は低いまま。だんだん生徒への不満が募り、ついにある日、木下先生は、先輩にぼやいてしまいました。

「あいつらはまったく俺の授業を聞かない。あんなやる気のない生徒たちを相手に、まともな授業ができるわけがない！」

そのとたん、先輩が烈火のごとく怒りだしました。

「木下！　全部お前が悪いんじゃ!!　生徒のせいにしていたら、お前の授業はよくなるわけがない!!」

そしてその先輩から紹介されたのが、のちに木下先生が師匠と仰ぐことになる鈴木博先生でした。木下先生は、鈴木先生から**「自分が源泉。すべては自分が作り出したもの」**と諭され、ガーンと頭を殴られたようなショックを受けました。

自分の教え方に原因があるのに、全部生徒のせいにしてしまっていたのだと。

生徒をそういう状態にさせてしまったのは、自分に原因があったからなのだとハッとしました。

それから木下先生は変わりました。

自分に原因があって、その状況を自分が作り出しているならば、その状況を変える力も自分にあるはず、と考えるようになったのです。

この日から木下先生は、毎日研究を重ねました。1時間の授業のために何時間もかけて練習し、授業を変えていきました。その結果、カリスマ講師と呼ばれるほどの人気講師になったのです。

「この状況を変える力も自分にあるはず」と、自分に意識を向けたことによって、授業が見違えるように変わり、トップ講師になれたのです。

「自分が源泉」とは、「自分のまわりで起きる出来事は、すべて自分が作り出したもの。

だからこそ、自分に変える力がある」という考え方です。これは幸せな人生を歩むために本当に大事な考え方です。

うまくいかないことがあったときに、その状況をまわりの人が作ったと考えると、「人が作ったものだから自分には変えることができない、どうしようもない」と考え、必然的に、うまくいかないことをまわりの人や環境のせいにすることになります。自分の人生なのに人のせいにして、あたかも自分は第三者であるかのように考えていたら、人生を変えることなんてできません。

「自分は自分の人生の当事者なのだから、自分で変えていける」と考えることで、はじめて状況を変えるための行動を起こし、人生を創っていくことができます。

自分が作り出したのだから、自分が変えることもできるはず

ただ、木下先生は、「自分が源泉」の考え方には注意が必要だとおっしゃいます。この考え方は、間違えると自分を責めてしまう恐れがあるからです。

例えば、「人生でまずいことが起こった」→「これを作り出しているのは自分だ」→「自分はなんてダメな人間なんだ」と考えてしまう。でも、そうではありません。こう

考えるのです。

「人生でまずいことが起こった」→「これを作り出したのは自分だ」→「自分が作った当事者なのだから、自分が変えることもできるはず」→「自分には変える力がある」→「だから自分が変えるよ、変えてみせるよ！」

これです。こんなふうに考えられたらいいですね。木下先生は、さらに、ものすごく力強く、こうも語ってくださいました。

「自分が源泉」、これがあなたの人生に必要な考え方です。

今のあなたは、過去のあなたの言動の集大成です。いろいろな選択肢があるなかで、自分が選び取ってきた行動、考え方、言葉のすべてによって、今のあなたが作られているのです。ということは、10年後のあなたは、これからの10年間で、あなたが選択する言動のすべてによって創られます。

つまり、僕の今の課題は、僕の今までの言動のトータルによって生まれている課題なのだから、僕がこれから選ぶ言動を変えることによって、この課題を消すことができるはずです。これが「自分が源泉」です。

あなたの目の前にある困難な出来事に対し、「自分に変える力がある」と思ったとき、あなたはその困難を必ず乗り越えることができます。あなたが作った課題なのだから、簡単に乗り越えることができるはずです。もちろん、時間と労力はかかります。しかし確率は100%です。

「あなたが選択する言動」を変えれば、必ず乗り越えることができるのです。

あなたの人生はあなたのもの。あなたの人生の当事者は、あなただけです。だから、自分の人生を変えることができるのは、自分だけなのです。

5 自分に変えることができるもの、それだけが問題

縁とは不思議なものです。なぜか何度も接点がある人もいれば、そうでない人もいます。あなたはそれを「偶然」だと思いますか？　私は、すべて「必然」だと考えています。

ピンチのときや、必死で頑張っているときには絶妙なタイミングでの出会いがありま

す。哲学者であり、教育者でもある森信三《もりのぶぞう》先生の名言にもこうあります。

「人間は一生のうちに逢うべき人には必ず逢える。しかも一瞬早すぎず、一瞬遅すぎないときに」

先日、こんなメールが届きました。

○○中学校教員のAです。6年ぶりに生で聴く先生のお話に引き込まれ、あっという間に時間が過ぎていきました。先生のお話を初めてお聴きしたのは、12年前の高校生のとき。進路学習の講演でした。その後、私は第一志望の国立大学に落ち、浪人をして再び第一志望の国立大学に落ち、第二志望の私立大学の教育学部に進学しました。
大学の入学オリエンテーションで、就職課の職員の人が一冊の本を取り出して言いました。

「大学生になったみんなにぜひ読んでほしい本がある！　いい年をした大人なのに、私は涙を流しながら読んでしまった！」

そのとき、職員の人が手に持っていた本が、比田井先生の『私が一番受けたいココロの授業』（文庫版は『あなたの人生が変わる奇跡の授業』〈三笠書房〉）でした。

正直なことを書くと、浪人中、先生のことはすっかり忘れていたのですが、このとき比田井先生の名前を聞き、高校時代の記憶が蘇ってきました。「あのときに話をしてくださった先生が本を書いていたんだ！」と、なんだか嬉しい気持ちになりました。その日の帰り道、書店に行ってその本を購入し、一気に読みました。高校生のときに聴いた話が、大学生になって、より実感として伝わってくるのがわかりました。

それからの大学4年間、比田井先生が語られていたことがいつも心にありました。それまであれだけ勉強が大嫌いで、遊ぶことばかり考えていた私が、大学では自分のベストを尽くそうと考えるようになっていたのです。それは、間違いなく、大学のスタートで先生の著書と出合うことができたからです。

私は変わりました。根暗で自分からコミュニケーションをとれなかった私が、かけがえのないたくさんの友人を得ることができ、人生の師となる先生とも出会い、卒業式では学部代表として学位記を受け取るまでになれたのです。先生に出会わなければ、第一志望の国立大学に落ちたことをずっと引きずり、私立大学に進学したことを後悔しつづける人間になっていたことでしょう。それが、先生の言葉、先生の著書と出合ったおかげで、「まわりの人のために自分は何ができるだろう」……

と考える人間になれたのですから。

入学したときは後悔だらけだった私の大学が、誇りに思うかけがえのない母校になりました。中学生、高校生、そして浪人時代の自分が今の自分を見たら、かなり驚くと思います。


6年前、長野県に戻って教師になった初任校で、比田井先生が講演をなさると知ったとき、運命を感じました。そして、これまでの感謝を伝えようと思いましたが、当時は上手く自分の思いを伝えることができませんでした。「与える者は、与えられる」……そのときに先生にいただいた言葉です。

この6年間で、本当にさまざまな出来事がありました。初任校では初めて担任を持ち、学級崩壊を経験しました。自分の無力さ、ふがいなさを感じながら、毎日、時間が過ぎることばかりを考えていた1年間でした。その後、別の中学校に異動となり、担任を持ち、一時期は体調を崩し、担任を離れざるをえない状況になったこともありました。先生と先日お会いするまでの6年間、何度もこの仕事を辞めようと思いましたが、初任校ではかなわなかった卒業生を今年の3月に送り出すことができました。

そして、教師となってから2度目の先生との再会は、心から嬉しい出来事でした。

なぜなら、この6年間、しんどいときに手にしたのは、やはり先生の著書だったからです。ブログを拝見することもありました。ときには涙をこらえながら、ときには笑顔になりながら先生の文章を読んでいました。

先日の先生の講演から、また野口嘉則《のぐちよしのり》さんの『鏡の法則』を読み直しています。「生徒は教師の鏡である」とは、初任のころからよく聞いていました。目の前の生徒の姿は、自分の姿を表しているものだと思い、生徒とこれからも関わっていきたいと思います。比田井先生はこれからも、私の人生の師です。

自分に変えられる、例えばこんなことだけに集中！

A先生のメールを読んで、私は佐藤芳直先生の言葉を思い出しました。

「自分に変えることができるもの、それだけが問題」という言葉です。

逆に、「自分に変えることができないものは、もはや問題ではない」ということです。

ところが人は往々にして、自分に変えることができないものを「問題」だととらえて、いろいろ言ったり考えたりしてしまいます。でも、どんなに考えても何も変わりません。変わらないから、またイライラして、ストレスをためて……というサイクルにはまっていきます。

人間関係で、「あの人はひどい！　私にこんなことをした！」と思ったとしましょう。もしも、あなたにあの人を変えられるのなら、どうぞあの人を変えてください。でも、あの人を変えることなんてできません。だって、自分を変えることだって難しいのですから。

ということは、「あの人がひどい」のは、もはや問題ではないのです。

では、**何が問題かというと、「自分に変えることができるもの」**です。例えば、

「自分のあの人に対する言葉」
「自分のあの人に対する態度」
「自分のあの人に対する表情」

ちょっと考えただけでも、変えられるものはこんなにあります。

自分のエネルギーには限りがありますから、「あの人はこんなことを言った！」などと愚痴《ぐち》ったりイライラしたりすれば、どんどんエネルギーを消耗していきます。変えられない環境や他者に文句を言うことに、１００のエネルギーのうちの80を使ってしまったら、残りはもう20ですよ。これはもったいない。貴重なエネルギーを注ぐべきは、「自分に変えることができるもの」だけです。１００のエネルギーすべてを、そこにつ

ぎ込むのです。

すると、「あの人との関係性」は確実に変わります。

言っても仕方のない「変えることができないもの」に文句を言って、貴重なエネルギーを無駄にするのは、当事者意識がないことの表れであり、自分がやるべきことに集中していない証拠です。

「自分に変えることができるもの」だけに集中し、そこを変えていくことによって、その先の、仕事も人生も変えていくというのが、まさに当事者意識を持った生き方。「まずは自分から」です。

A先生のメールで嬉しかったのは、「入学が決まったときは後悔だらけだった私の大学が、誇りに思うかけがえのない母校になりました」というところです。

不本意ながら入学した大学が、卒業するときには誇りに思える母校になったのです。大学を変えることはできません。そこで、A先生は、「自分のベストを尽くす」と決め、やり抜きました。**「自分に変えられるもの」を変えた**のです。自分の考え方を、そして自分の行動を変えたのです。

その結果、自分で自分の人生も変えました。卒業式では学部生代表で学位記を受け取り、難しい教員採用試験にも合格しました。きっと、それだけのことをやってきたという自信にあふれていたのでしょう。そうでなければ、当時、倍率10倍もの難関には、なかなか合格できませんから。

先日A先生にお会いしたとき、6年前と比べて、ずいぶん明るく頼もしくなったと感じました。雰囲気が全然違ったのです。

その理由がこのメールを読んでよくわかりました。A先生は、この6年間、辛い思いもしましたが、なんとか乗り越え、ちゃんと3年間のクラス担任をやり遂げて、教え子を卒業させることができたのです。

それが今のA先生の自信につながったのでしょうね。A先生、よくぞ6年間、辞めずに先生を続けてきてくれました。

「自分に変えることができるもの、それだけが問題」

何かうまくいかないときやイライラするときは、この言葉を思い出して、「変えることができるもの」に、あらゆる力を集中投下しましょう。そうした「当事者になるチカラ」は、あなたの人生を最大に輝くものに変えていくはずです。

9章の“成長戦略ロードマップ”

GOAL

一生の幸せ

自分のチカラで幸せになるチカラ

今を本気で生きるチカラ …… 10

9

ヒントへの感度が高まり
問題解決力が上がって
人財になる！

当事者になるチカラ

- 頼まれ事には「ハイ」と返答する
- 自分の人生を作っているのは、当事者の自分だと意識する
- 汚い言葉を使わない
- 自分に変えることができるものに集中する

10章

「今を本気で生きるチカラ」

――日本人本来の生き方が、「本当の幸せ」につながる

「どんなに悔いても
過去は変わらない。
どれほど心配したところで
未来もどうなるものでもない。

今、現在に最善を
尽くすことである」

（松下電器産業株式会社
〈現・パナソニック株式会社〉創業者　松下幸之助）

1 夢だけを追いかけても、夢しか叶わない

「夢だけを追いかけても、夢しか叶わないんです」

これは、歴史エッセイストの白駒妃登美さんの言葉です。

私はびっくりしました。「夢しか叶わない」って、すごい言葉じゃありませんか？

普通は、「夢が叶ったら最高だ！」「夢さえ叶えば絶対に幸せになれる！」と思うでしょう。

白駒さんのこの言葉の真意は、何でしょうか。

白駒さんは十代の後半に、「アメリカ型の成功哲学」の本と出合います。そこには、成功するための方法が書いてありました。まず夢を描いて、次にそれをいつまでに達成するか期限を決めるというものです。

夢に期限を設定すると、それが「具体的な目標」になります。例えば、その期限を10年後に設定したら、そこから逆算して「そのためには5年後にはこうなっている必要が

ある」「それには、3年後にはここまで」「1年後には……」と、細かく目標を決めていき、だんだん現在に近づいてきて、「そのために今、これをしよう」と、今を、「理想の未来を実現するための手段」にするのです。

白駒さんはこの考え方に基づいて30年近く実践し、その目標を全部、叶えてきました。白駒さんの人生はものすごく充実していました。

次々と目標を叶えた栄光の先に、幸福感はなかった!?

ところが、**アメリカ型の成功哲学は、常に「右肩上がり」でなければうまくいきません。**ひとつ目標をクリアしたら、次の目標、また次の目標……と、走りつづけます。「現状に満足した瞬間、成長が止まる」と教えられます。

白駒さんは目標を達成すると、また次の目標へと、常に新しい目標に向かって必死に頑張っていました。すると、確かに達成感や充実感は味わえます。ところが、白駒さんはこう言っていました。

「なんだか、下りのエスカレーターを必死で上っているような感じで、いつも余裕がなくてハァハァしていて、**幸福感とか安心感からはほど遠い人生**だったような気がしたんです」

誤解のないように言っておきますが、アメリカ型の成功哲学が悪いというわけではありません。白駒さんは真剣に目標に向かって突っ走り、それを何十年も続けて頑張りすぎてしまったがゆえに、「幸福感」から遠ざかったのだと思います。

そんな白駒さんが、がんになります。

一度は手術によって治るのですが、2年後に再発。がんが肺に転移しているのが見つかり、主治医から「非常に厳しい状況」だと告げられます。2人のお子さんを育てている真っ最中の白駒さんは死を覚悟し、「残された時間は子どものためだけに使おう」と考えました。

ところがその矢先、白駒さんのブログを読んだ出版社から、執筆依頼が舞い込みます。

「ぜひ本を出しましょう、白駒さんが歴史について語る本を！」

限りある時間を子どものためだけに使おうと決めていた白駒さんですから、もちろん断ろうとしました。

でも、そのとき、白駒さんの心を動かした人がいたのです。といっても、彼女の友人やご家族ではありません。なんと歴史上の人物です。

白駒さんは歴史上の偉人の生涯や考え方、自伝、書かれた小説、歴史的背景などを研究し尽くしているので、いつでもどこでも、あたかもその人とともに生きているような感覚になるのだそうです。この人なら、こんなときどう考えるだろうかと、身近な友人に相談するような気持ちになれるそうです。素敵ですね。

正岡子規の覚悟

そのとき白駒さんの心を動かした人は2人いました。まずは、俳人・歌人の正岡子規《まさおかしき》。

正岡子規は幕末、四国・松山に武士の子として生まれますが、すぐに明治維新となり、武士という階級がなくなります。それでも子規は、自分が武士であることに人一倍誇りを感じていて、幼少期から**「武士道における覚悟とは、いったいどういうことなのか」**と、日々探究して生きていました。

そして彼はあるとき、武士道における覚悟とは、「いついかなるときでも平気で死ねることである」という結論に至ります。

ところが、子規は若くして脊椎《せきつい》カリエスという、激痛を伴う病気に罹ります。痛みに耐えるうちに、彼は、悟りにも似た境地に達します。

「武士道における『覚悟』とは、いついかなるときでも『平気で死ねること』ではなく、こんなに痛くても、こんなに苦しくても、生かされている今という一瞬一瞬を『平気で生きること』だ。それこそが本当の覚悟である」と。

そう悟った子規は、「いつまでも生きていたい」と「生」に執着するわけでもなく、逆に、「もうどうせ死ぬのだから」とあきらめるわけでもありませんでした。

執着もせず、あきらめもせず、ただひたすらに現実を受け入れて、そのときにできる精一杯のことをする。そして子規は三十四歳で亡くなる間際まで、俳句や短歌を詠み続けました。最期の瞬間まで自分らしく輝いて人生を全うしたのです。

白駒さんは、正岡子規の姿に自分を重ね、心に決めます。

「私も、がんという現実を受け入れよう。〝生〟に執着せず、あきらめもせず、今できる精一杯のことをしよう。そのために本も書こう！」と。

大切なことは、生死を超えて志を持つこと

白駒さんは、早速、本を書きはじめます。執筆にあたり、改めてたくさんの偉人について調べていくなかで、またもや救われるような出会いがありました。

今度は、吉田松陰《よしだしょういん》です。

松陰は、あるとき弟子の高杉晋作《たかすぎしんさく》から、「男子の死に場所」について問われます。自分が死ぬべき場所はどこなのか？……**この世でたったひとつのかけがえのない命を、自分は何のために使ったらよいのか**、と問うたのです。

そのとき、松陰はすぐに答えが出せませんでした。でも、ずっと考えていたのでしょう。松陰は29歳という若さで刑死するのですが、死を前にしてその答えがわかります。

松陰は晋作にこのような主旨の手紙を書きました。

「今、〝生きていても死んでいるような人〟がいる。逆に、〝もう死んでいるのに魂が生き続けている人〟もいる。だとすれば、死は、好むべきものではないが、憎むべきものでもないと思う。もし君が、生きて世の中のお役に立てるのであれば、いつまでも生きつづけなさい。もし、ここが命を懸けるぐらい大事な場面だと思ったら、そのときは潔く命を差し出しなさい。生きるとか死ぬとか、あるいはいつ死ぬのかということは問題ではない。本当に大切なことは、生死《しょうじ》を超えて志を持つことなのではないか」

松陰は、亡くなる前に政治犯として1年2カ月の間、長州藩が萩《はぎ》（山口県）に設けた野山獄《のやまごく》に囚《とら》われていました。野山獄は一度入ったら二度と出られないと噂されていましたが、松陰は、決して自暴自棄にならず、この手紙の言葉通り、獄中でも高い志を持ちつづけます。

「今できることを全力でやる」という思いのもと、600冊以上もの書籍を読み、学びつづけました。さらに松陰は、一緒に獄中生活を送る囚人たちのよいところを次々に見つけていき、一人ひとりの得意分野をみんなで学ぶことで、牢獄を学校に変えてしまいました。すさんでいた囚人たちが、いきいきと生を輝かせるようになったのです。

白駒さんは、吉田松陰の生きざまに感銘を受け、心に決めます。

「生かされている今という一瞬に感謝し、目の前の人のためにできることを全力でしよう。命を大切に丁寧に生きていこう」

こうして書き上げられたのが、『人生に悩んだら日本史に聞こう』(祥伝社)という素晴らしい本です。

日本人は、どう生きてきたのか?――過去も未来も手放して……

白駒さんは、執筆にあたり、改めて多くの歴史上の**日本人たちの生き様**と向き合うなかで、あることに気づきます。

それは、**西洋人が自分の夢を目指して「未来」のために走りつづけて生きているのに対し、日本人は目の前の大切な人のために、「今」できることを尽くすという「志《こころざし》」に生きてきた**、ということです。白駒さんは、そんな日本人の心、志に触れ、「今から私は日本人として生きよう！」と固く心に誓ったのです。

世間では「プラス思考がいい」と、さかんに喧伝《けんでん》します。確かにプラス思考は大事です。白駒さんも以前は「私もプラス思考にならなきゃ」と考えていました。しかし、プラス思考になることに義務感を覚えてしまうようなら、そこにはもう、「マイナス思考」が渦巻いているのでは、と白駒さんは思うようになりました。

そして、「日本人として生きる」と決めたとたん、白駒さんは医者から、もう助からないだろうと言われていたのに、なぜか「希望」がどんどん湧いてきました。自然とワクワクし、晴ればれした気持ちになったのです。

すると、白駒さんに不思議なことが起こります。それまでは、毎晩子どもの寝顔を見ながら、先のことが心配で、不安で泣いてばかりいたのに、「日本人らしく、今できることを精一杯尽くして生きよう！」と決めたとたん、どういうわけか夜ぐっすり眠れるようになったのです。

不安から解放され、悩みが消えて眠れるようになったら、さらに不思議なことが起こりました。白駒さんの体から、がん細胞が消えたのです。

過去や未来を手放し、「今ここ」に集中したからかもしれません。これには主治医も本当に驚いていました。

以前の白駒さんは、がんという現実に抵抗し、「がんに勝たなきゃ！」と考えていました。「がんに勝とう！」という「戦闘モード」は、「いかに相手を打ち負かすか、いかに自分が強くなるか」にエネルギーを集中します。下手をすると「自分が、自分が」と、まわりのことを考えられなくなっていきます。

そんなときの心の状態はどうでしょうか？　常に不安でイライラして、精神状態が安定しているとはいえませんね。

それに引き換え、がんを受け入れ、**「目の前の人のために、今を精一杯生きる」**と決めた心の状態はどうでしょうか？　受け入れたのですから、心は楽になります。落ち着いて穏やかです。「平和モード」ですよね。

白駒さんのがんが消えたことと、このような心の状態がどう関係していたのか、実際のところその因果関係はわかりませんが、少なくとも「戦闘モード」よりも「平和モード」のときのほうが、心は健康だったのは確かでしょう。「病は気から」という言葉もあります。心を健康に、平和に保つことが大事なのかもしれません。

「日本人、本来の生き方」を実践していたら、夢をはるかに超えたビッグな幸せが！

さて、最初の言葉に戻ります。**「夢だけを追いかけても、夢しか叶わないんです」**の意味です。白駒さんは、最初は夢を追いかけつづけていました。そして、着々と夢を叶えていきました。白駒さんにすれば、それは「予定通り」です。夢を叶えるために必要なことを全部やってきたのですから。

ただ、夢は叶いましたが、それ以上のことは起こりませんでした。逆に、自分で目標を立て、走りつづけることに疲れてしまいました。そしていつの間にか、「幸せ」からは離れていってしまったのです。

ところが、日本人としての生き方に目覚め、夢を追いつづけることをやめたらどうなったでしょうか？

がんを受け入れ、ただひたすらに、「目の前の大切な人のために、今できる精一杯のこと」を丁寧にしつづけた結果、がんがなくなりました。それが直接的に影響したというエビデンスはありませんが。

そして本を十数冊も出版でき、全国から講演に招かれたり、海外からも取材を受けたりするようになりました。

こんな状況を、かつての自分は夢にも描かなかったと、白駒さんは言います。目の前の人を笑顔にするためにできることを精一杯やっていったら、その人たちが白駒さんの応援者となり、さまざまな情報や経験、そして人脈を惜しげもなく提供してくれるようになったそうです。その結果、**「現実が夢を超え」て、夢にも思わなかった幸せな現実がやってきた**というのです。

「現実が夢を超える」とは、素敵ですね。夢があって、その実現のために頑張れるのは素晴らしいことですが、今、夢がない人も、目の前のことを精一杯、本気でやっていくうちに、夢にも思わなかったことが現実になります。

「目の前の大切な人のために、今できることを精一杯やり尽くす」――それが日本人の生き方です。そんなカッコいい生き方をしていこうじゃありませんか！

2 「今いる場所で突き抜ける!」のも一興

「〝好き〟を仕事に!」

　こんなキャッチコピーを目にしたことはありませんか? それを実践しようとして、「この会社なら、自分の好きなことを仕事にできる」と思って就職したところ、配属先は違う仕事内容だったとか、好きな仕事のはずだったのに、実際に就《つ》いてみたら、イメージとはかけ離れていた、といった理由で、入社早々に退職してしまう人があとを絶ちません。また、就職活動中の学生が、**「自分が本当に好きなことはなんだろう?」「何が自分に向いているんだろう?」と悩み、動けなくなっている**こともよくあります。

　自分が好きなことや、自分の長所を活かせる仕事を探すために「適性診断」や「自己分析」をしてみたものの、なかなかピンとこなくて、やみくもに「自分探し」に時間を割くばかりで、結局、まったく就職活動が進まないのです。

「好きなことを仕事にする」について、カル・ニューポートは、その著作『今いる場所で突き抜けろ！』（廣津留真理訳　ダイヤモンド社）で、こんなことを書いています。要約します。

現代アメリカ社会で最も言い古された教えのひとつに、「仕事で幸せになる秘訣は、まず自分が夢中になれるものを見つけて、それからその願望に合う仕事を見つけること」がある。しかし、この「〝好き〟を仕事に」という教えには重大な誤りがある。この考え方のせいで、人々は、魔法のように自分にぴったり合った仕事が、どこかで自分を待っているのだ、と思うようになり、それが叶わなかった場合、転職を繰り返したり、深刻な自己不信に陥ったりするようになるのである。もちろん、「やりたいこと」を追い求めてうまくいく人もいるが、それはごく少数にしかすぎず、普遍的とはいえない。

それでは、実際に「やりがいのある仕事」をしている人たちは、どのようにして天職を見つけたのだろうか。彼らへのインタビューで、驚きの真実がわかった。それは、彼らは、「やりたいこと」を追い求めていたわけではなく、職に就いてからベストを尽くし、自分のスキルが身につくまで長い時間をかけて頑張った結果、自分の仕事を心から好きになり満足するようになった、ということである。

だから私は提案したい。自分の今の仕事が本当にやりたいことなのかどうかは、ひとまずおいて、目の前の仕事をとことんまでやり、誰もが思わず注目してしまうくらいに、突き抜けたスキルが身につくまで頑張ったらどうかということだ。「突き抜けた人」になる努力をしなければ、仕事を好きになることなどできない。

自分が何を心から好きになるかなど、前もってわかるものではない。自分にふさわしい仕事を見つけることより、今携わっている仕事にふさわしい働き方をすることが仕事の喜びを生み、自分の仕事を好きになることにつながるのだ。

「〝好き〟を仕事にする」のではなく、**「与えられた仕事に本気で取り組めば、自分の仕事が好きになる」**ということですね。

「〝好き〟を仕事にする人」は、仕事にする前から始めている！

先日、就職活動中の男子学生と話す機会がありました。彼は、内定をもらえなくて悩んでいました。

「ハローワークで『事務の仕事がしたい』と希望しても、事務職の募集はあまりないから別の職種も考えてみたら？　と言われるんです。でも、「好きなことを仕事にしたほうがいい」って言う人もいて、もうどうしていいかわからないんです」とのこと。

そこで、私が「何が好きなの？」と聞くと、「事務の仕事」と答えるので、「なんで事務の仕事がいいの？」と聞くと、「う～ん……よくわかりません……」という感じです。

「好き」にもいろいろあり、同じ「好き」という言葉で表現していても、その思いの強さは、全然違います。

例えば、何度も登場した海洋冒険家の白石康次郎さんの「好き」は、強烈です。

もう、いても立ってもいられないくらい、ヨットが好きなのです。「絶対にヨットで世界一周するんだ！」と強い思いを持っていました。だから、中学3年のときに、「水産高校に行く！」と行動を起こします。ヨットの第一人者の多田雄幸さんの本を読んで感動して、「会って話を聞きたい！」と、電話をかけて直談判《じかだんぱん》し、会いに行ってしまうほど情熱を持っていたんです。そして「弟子にしてください！」と頼み込んで、どんどん行動しちゃう。それを貫いた先に、今の白石さんがいます。「好き」を仕事にして成功した数少ない例かもしれませんね。

先日も、「好き」が強烈な高校生、O君に出会いました。O君はまだ保育園児のころからずっと、救急救命士になりたいと思っていたそうです。私は、「なんで救急救命士になりたいの？」と聞くと、こう教えてくれました。

救急救命士は、患者さんに最初に接する人ですよね。僕は、困っている人を一番初めに助けて力になりたいんです。僕が小学校2年生のころ、家族でショッピングセンターに行ったときにお店の中で突然人が倒れたんです。僕は、すぐにその人にかけ寄って自分の携帯で救急車を呼んで、救急隊の方に引き継いだんです。

中学生のときにも授業中に、クラスメートがてんかんの発作で痙攣《けいれん》を起こしたので、すぐに横たわらせて服をゆるめながら、まわりで見ていた友だちに、「○○君、職員室に行って先生に知らせて、救急車を呼んでもらうように伝えて！」と指示を出して救急隊員に引き継いだこともあります。救急車を呼んだのはその2回だけですが、体調が急変した人やケガ人への対応は、何十人もしてきました。

私は驚愕して、「小学生や中学生で、なんでそんなことができるの？」と尋ねました。するると、「小学校に上がる前からそういうことに興味があって、日赤で救命講習を受けたり、そのときにもらったテキストを何度も読んだりして、マスターしました」とのこと。O君は、間違いなく立派な救急救命士になります。

「好きを仕事にする人」は、「仕事」にする前から、もうやっているのですね。それぐらい強い思いがある人だからこそ、好きを仕事にできるのだと思うのです。

好きなことが見つからないときにこそ、やるべきこと

逆に、「僕の好きなことはなんだろう……？」なんて考えて、「○○が好きかも」なんて思いついたとしても、それはたいして好きじゃなかったりします。

本当に好きなら、そのことを四六時中考えているはずだからです。

「○○が好きかも」くらいで仕事を選んでしまうと、ちょっとつまずいたときに、「自分は本当にこれが好きだったんだろうか？」「ホントは、何が好きなんだろう？」と悩んでしまい、終わりのない「自分探しコース」まっしぐらです。

今の仕事が好きだ！　という人の多くは、「好きなことを仕事にした人」ではなくて、「今の仕事を好きになった人」というのが実際のところなのでしょう。

そうであれば、今の仕事を好きになるためには、どうしたらいいのでしょうか？

「夢が見つからない……」「本当にやりたいことが何なのかわからない……」と思って

いる人に、私は聞きたいのです。

「その前に、やらなくちゃいけないことがあるんじゃないですか」と。

「今いる場所で突き抜けるチャレンジをしましたか？」と。

まずは今、与えられたこと、目の前のことを本気でやることが先決です。

目の前にある仕事のうち、「好きなことならやるけど、気に入らないことはやらない」なんて考えているうちは、まだ本気じゃないのです。

本気で目の前のことに打ち込んでいると、どんな仕事でも楽しくなります。気がついたら、「自分はこれがやりたかったんだ！」と思えることが見つかります。これは、本気でやったことがある人にしかわからない感覚です。本気でやっていればこそ、いずれ「これだ！」と思えることに出合える。本気でやっていなかったら、「本当にやりたいこと」に出合っていたとしても、気づきません。

さあ、目の前にある仕事に精一杯、本気で取り組みましょう。本気で、真剣に取り組めば、必ずその仕事のスキルは向上し、「いい仕事」ができるようになっていきます。誰が見ても、その分野で突き抜けるくらいの「いい仕事」ができるようになるころには、必ずその仕事が好きになっています。そうなれば、本当にやりたいことに、いずれ出合います。

3 誰かのために――この思いが、「今を本気で生きるチカラ」につながる

私自身、最初から「講演家になりたい」とか「本を出したい」とか思っていたわけではありません。今は講演やラジオ番組でお話をする仕事をさせていただいていて、この仕事が大好きです。楽しいし、天職だと思っています。でも、大学を卒業した時点では、まさか自分がこんな仕事をするようになるなんて、夢にも思っていませんでした。

私は、大学卒業後、ホームセンターに就職しました。けっこう楽しく仕事をしていたのですが、あるとき、なぜか「税理士になりたい！」と思ってしまったのです。

そこで、税理士の勉強ができる学校を探していると、高校の元担任の先生が、「上田に税理士コースがある専門学校があるよ」と教えてくれたのです。私は早速ウエジョビに行き、勲先生（ウエジョビ創始者で当時校長の佐藤勲先生）と面接試験のような形で話をしました。私は今の仕事のことや大学のことなど、長いこと話して盛り上がったのを覚えています。

そして、いったんは学生として、ウエジョビに入学することが決まりました。二十五歳のときです。ところが入学前に、勲先生から連絡があり、「公務員試験の合格指導をする『公務員科』があるんだけど、そこの先生が急に辞めることになったから、代わりに入ってくれないか？　比田井さんは大学時代に学習塾で先生をやっていたよね。公務員科の先生として、比田井さんが大学で学んでいた物理や数学の授業をしながら、空いている時間は税理士の勉強をしてくれてかまわないから」と言われたのです。勲先生も突然先生に辞められて相当困っていたのでしょうね。パッと私のことを思い出したらしく、電話をしてきてくれたのです。

どう考えてもおいしい話ですよね。だって、授業料を払う代わりに給料をもらって、しかも同僚には税理士の先生がいるのです。いくらでも質問し放題です。親にも相談したら、「それはいい話だ！」ということで、ウエジョビの先生になったわけです。（30年も前のことですのでこんなこともありましたが、今のウエジョビは、きっちり教員採用試験を行っています）。

ところが、現実はそんなに甘くありません（笑）。勤務時間中に、自分の勉強をする時間なんてあるわけがない！　でも、私がラッキーだったのは、「公務員科の担任も面白い」と思えたことです。「いっちょ、公務員試験の合格実績を上げてやろうじゃないか！　勲先生の予測を上回ってやろう！」と思ったのです。

当時の公務員科は夕方5時ごろには下校でした。でも、どう考えても半年間で公務員試験に合格するには、勉強量が足りません。帰り際に、「は〜い、これが終わった人から帰っていいよ〜」と、プリントを配りました。その枚数をちょっとずつ増やしていったのを覚えています。今でこそ、ウエジョビの公務員科は朝から夜まで勉強するのが当たり前だと思われていますが、当時の学生は、「そんなこと聞いてないよ〜！」状態でしたので、大変でした（懐かしいです）。

でも、学生が頑張ってくれると、結果はちゃんとついてきました。長野県内で、公務員試験の合格実績はダントツになりました。そのうち、20人足らずからスタートした公務員科が、100人を超える大所帯になり、3クラス、4クラスと増えていきました。

そのころ、私は広報の責任者にもなり、ここでも、「勲先生の予測を上回ろう！」と張り切ります。それまで何年も同じものを使っていた入学パンフレットを作り直し、パンフレットに載せる写真は自分で工夫して撮りました。それまではカメラマンに任せっぱなしだったのです。オープンキャンパスの大改革もしました。もちろん、これは私一人の力ではありません。当時の先生たちが一緒に頑張ってくれました。「予測を上回ろう！」と思って行動をすると、本当に大変なのです。

「なんで自分一人だけが……」なんて思うこともありました。

でも、不思議ですね。「行動」すれば報われるもの、結果が出たのです。公務員科の合格率がよかったせいもありますが、学生数が一気に増えました。嬉しかったなぁ！

勲先生も喜んでくれました。今思えば、当時は、勲先生の喜ぶ顔が見たくて頑張っていたように思います。

「誰かのために」っていいですね。「エネルギー」や「アイデア」のほか、「やる気」も出てくるのです。「勲先生を喜ばせたい」という思いのために、与えられた仕事で予想以上の成果を上げようと、本気で考え、必死にやっていました。勲先生のために、という思いは、私に「今を本気で生きるチカラ」を自然につけてくれたのだと思います。


その後、私は就職課の役割を与えられ、「就職対策授業」という名目で、『君の代わりはいない、君がいてくれてよかった』と言われる人になるために大切なこと」を教える授業をしようと考えていました。これがのちに「ココロの授業」と呼ばれるようになります。

当時、私はいかにしてこの説教のような内容を、学生にわかってもらえるように伝えるか、必死でしたね。毎日そのことばかり考えていましたから。

でも、必死になっているときは、ちゃんといいタイミングで出会いがあるものです。そんなときに、私の人生の師匠の佐藤芳直先生に出会いました。さらに、もう一人の師匠、木下晴弘先生にも出会いました。このお二人に出会ったおかげで、なんとか「ココロの授業」ができるようになったのです。

授業を始めてみると、学生が感動し、変わっていくのがよくわかりました。その姿を見るのが、めちゃくちゃ嬉しかったですね。うちに帰ると、夕飯時には毎日その授業の話ばかりしていました。すると、妻がその授業いいんじゃないのと思ってくれたようなのですね。私の妻というのは、現校長の比田井美恵《みえ》でして、彼女が私の授業をメルマガにしてくれたのです。

それがきっかけで、本が出版され、ラジオ番組も始まり、全国から講演で呼ばれるようになりました。もともと、「税理士になりたい！」と思って行動したのですが（笑）。でも、そう思わなければウエジョビに入ることもなかったですし、比田井美恵と結婚することも、講演で全国を回ることもなかったと思います。本当に不思議ですね。

「税理士」になろうと思っていたけれど、「先生」という職業を与えられ、「公務員科担任」として張り切って成果を上げ、「広報」でも頑張って学生を増やし、「就職課」を任されて、学生のためにと必死に「ココロの授業」を行ない、気づいたら「講演家」として全国を飛び回るようになっていたのです。思ってもみなかったところにたどり着くことができました。

このように私は、もともと、「好きなこと」を仕事にしたわけではありません。目の前の与えられたことに対して精一杯、本気でやっていただけです。思い返せば、どの仕事も楽しかったですし、やりがいがありました。もちろん、今の仕事ができて幸せですし、私の生まれてきた役割はこの仕事にある、と思っています。

「誰かのために」という思いは、想像以上のパワーをもたらしてくれます。目の前の人を喜ばせたいと、与えられたことを精一杯やっていれば、どんな仕事も面白くなります。「好き」を仕事にするのではなく、一生懸命にやれば、どんな仕事でも「好きになれる」のです。

だから、今の仕事が好きかどうかとか、自分に向いているかどうかとか考える前に、まずは今できることを精一杯やりましょう。目の前のことを本気でやりましょう。「この仕事が好き」というのは、必ずあとからついてきますから。

「誰かのために」のエネルギーは、「今を本気で生きるチカラ」を最大限に引き出し、自分の生まれてきた役割を見つけることにつながるのです。

10章の“成長戦略ロードマップ”

GOAL

一生の幸せ

自分のチカラで幸せになるチカラ

10

自分の生まれてきた役割が
見つかる!

今を本気で生きるチカラ

- 自分の夢ばかりを追いかけない
- 志を持つ
- 過去や未来を手放す
- 日本人としての生き方——大切な人のために、今できる精一杯のことをする
- 夢がなければ、今いる場所で突き抜ける!

おわりに　「自分のチカラで幸せになるチカラ」が、あなたにはある

「これからが、これまでを決める」

ある年のウエジョビ入学式で、佐藤芳直先生が「誰がなんと言おうと、これが私の信念です」とまでおっしゃった言葉です。

「逆じゃないんですか？　これまで自分がやってきたことが、このあとの人生を決めるのでは？」と思いますよね。

もちろん、そういう面もあると思います。でも、20代のあなたには、ぜひこの「これからが、これまでを決める」という考え方を知っておいてほしいのです。

あなたにも、「あのとき、こうしておけば……」「あんなことさえなければ……」と思うような出来事があったはずで、私にもたくさんあります。

でも、これからのあなたの考え方と行動次第で、「あれはあれでよかったんだ」「あの出来事には意味があったんだ」「あれは必然だったんだ」「あの出来事のおかげで……」と思える日が必ずきます。

うまくいかない出来事はこの先も起きます。誰のところにも必ず。

そんなときは、本書でお伝えした「10のチカラ」を磨くチャンスです。

10のチカラの原石は、すでにあなたのなかにあります。あとはそのチカラを引き出して、磨いて使うだけです。使えば使うほどさらに磨かれます。

困ったら、この本を開いてみてください。

「今、自分が持っているどのチカラを磨くときか……」必ず答えはあります。

人生はなかなか思い通りにはいきませんが、最後はなんとかなるものです。

「これからが、これまでを決める」――この言葉をココロに刻んで前に進むだけです。

あなたの代わりはいません！

あなたの明るい未来に、いってらっしゃい！

比田井和孝

登場人物プロフィール

■佐藤芳直（さとう・よしなお）
1958年、宮城県生まれ。早稲田大学商学部卒。株式会社日本マーケティングセンター（現・株式会社船井総合研究所）にて、20代からトップコンサルタントとして活躍。幅広い分野で船井総研随一の成功事例をあげ、船井幸雄氏をして「10年に一人の天才コンサルタント」と言わしめた。2006年、株式会社S・Yワークス設立。さまざまな業界で先進的ビジネスモデルを生み出し、コンサルタント実績は約4000社に上る。著書に『日本はこうして世界から信頼される国となった』『役割』（いずれもプレジデント社）、『恩送り』（径書房）ほかがある。

■山本孝弘（やまもと・たかひろ）
1970年、愛知県生まれ。20代のころ、ベトナム縦断の旅、アジア101日間放浪の旅をする。その後、塾講師や小売業界を経験し、アメリカに半年滞在。帰国後は営業職に携わりながら、2015年から「みやざき中央新聞」（現・「日本講演新聞」）にコラムの執筆をはじめる。その後、退社してコラムと社説を執筆するかたわら、全国で講演活動を行なう。世の中に「心が温かくなる話」を伝えることで、身近なところから平和を広げる活動を展開中。著書に『明日を笑顔に』『「ありがとう」という日本語にありがとう』（いずれもJDC出版）がある。

■白石康次郎（しらいし・こうじろう）
1967年、東京生まれ、鎌倉育ち。少年時代に船で海を渡るという夢を抱き、高校在学中に単独世界一周ヨットレースで優勝した故・多田雄幸氏に弟子入り。26歳のときに、ヨットによる単独無寄港無補給世界一周の史上最年少記録（当時）を樹立。2016年には最も過酷な単独世界一周ヨットレース「ヴァンデ・グローブ（Vendée Globe）」にアジア人初出場を果たすも無念のリタイア。2018年、DMG森精機が立ち上げた日本初の外洋ヨットチーム「DMG MORI　SAILING TEAM」のスキッパーに就任。2020年「ヴァンデ・グローブ」で、アジア人初完走を成し遂げる。著書に『精神筋力』（生産性出版）ほかがある。

■喜多川泰（きたがわ・やすし）
1970年、愛媛県生まれ。東京学芸大学卒。2005年に『賢者の書』（ディスカヴァー・トゥエンティワン）にて作家デビュー。『君と会えたから…』『手紙屋』、『運転者』（いずれもディスカヴァー・トゥエンティワン）、『「福」に憑かれた男』（総合法令出版）、『ソバニイルヨ』（幻冬舎）など、発表する作品は長年読み継がれ、「喜多川ワールド」と呼ばれるその独特の世界観にのめり込む読者が続出。全20作品で国内累計125万部を超え、『「また、必ず会おう」と誰もが言った。』（サンマーク出版）は映画化・舞台化された。多数の作品が台湾、韓国、中国、ベトナム、ロシア、タイでも翻訳出版されている。また、企業や教育機関など幅広い分野からの講演依頼も多く、人生を変える講師としても人気を博している。

■伊澤直人（いざわ・なおと）
静岡県生まれ。プロの応援団である「我武者羅應援團」の主将を務める。大学生のときに我武者羅應援團の團長・武藤貴宏と出会い、その人柄と情熱に憧れを抱く。会社員だった25歳のときに、我武者羅應援團のライブに参加して衝撃を受けて入団。以来、全国の中・高・大学や企業をはじめ、アスリート、オリンピック選手、プロ野球監督、芸能人などさまざまな人たちを応援し、人々の勇気を後押ししている。

■太田智明（おおた・としあき）
1967年、長野県生まれ。1989年から36年間、長野県内の小中学校に勤務。初めて清掃主任になった1994年、NHKの朝のニュース番組『おはよう日本』で、カー用品のイエローハット創業者の鍵山秀三郎氏の「掃除道」が紹介されたのを偶然視聴し、同氏に私淑する。2006年に「長野便教会」を設立し、清掃指導に悩む先生方や生徒たちに鍵山氏の清掃哲学を伝えながら、ともに汗を流してきた。2025年、JICA協力隊としてマーシャル諸島共和国の小学校に派遣され、学習環境を整えることの大切さを海外にも伝えている。

■白駒妃登美（しらこま・ひとみ）
埼玉県出身、福岡県在住。幼いころより伝記や歴史書を読み、その登場人物と友だちのように対話することを楽しむ。「福沢諭吉が大好きだから」という理由で慶応義塾女子高校、慶応義塾大学卒。日本航空の国際線客室乗務員として7年半勤務。2011年『人生に悩んだら「日本史」に聞こう』(祥伝社)を出版。メディアでも好評を博しロングセラーとなる。2012年、日本の歴史や文化の素晴らしさを国内外に発信する株式会社ことほぎを設立。講演依頼は年間200件を超え、「日本に生まれてきてよかった」と涙する人も多い YouTube で、大河ドラマの解説動画を毎週配信している。

■水谷謹人(みずたに・もりひと)
1959年生まれ。明治学院大学卒。学生時代に東京都内の大学生と「国際文化新聞」を創刊し、初代編集長となる。1989年にUターンし宮崎中央新聞社に入社。1992年に経営者から譲り受け、「みやざき中央新聞」(現「日本講演新聞」)編集長となる。以来、32年間社説を書き続け、現在も魂の編集長として、心を揺さぶる社説を発信中。講演でも全国で熱い思いを語っている。著書に『日本一心を揺るがす新聞の社説1〜4』、『心揺るがす講演を読む』(いずれも、ごま書房新社)ほかがある。

■五日市剛(いつかいち・つよし)
1964年、岩手県生まれ。工学博士。豊橋技術科学大学大学院博士後期課程修了。1988から2年間、米国マサチューセッツ工科大学へ留学。大手企業で新規事業および研究開発に従事したのち、自ら会社を興す。現在、数社の顧問を兼任しつつ、新技術および新規事業の創出に関わる。学生時代のイスラエル旅行の体験などを語った講演録『ツキを呼ぶ魔法の言葉』(とやの健康ヴィレッジ)は、口コミで120万部突破の大ベストセラーとなり、その関連図書を含めると、累計で300万部を超えている。

■高野登(たかの・のぼる)
1953年、長野県生まれ。プリンスホテルスクール(現・日本ホテルスクール)第一期生。卒業後、渡米。ホテルキタノ、NYスタットラーヒルトンなどを経て、1982年、NYプラザホテル入社。1990年にはザ・リッツ・カールトン・サンフランシスコの開業に携わり、1994年に日本支社長となる。2009年、同社退社。現在、人とホスピタリティ研究所代表。ホスピタリティを基にした企業活性化、人材育成、社内教育において指導・講演活動を続ける。著書に、ロングセラー『リッツ・カールトンが大切にする　サービスを超える瞬間』(かんき出版)ほか多数がある。

■森末浩之(もりすえ・ひろゆき)
1975年、静岡県生まれ。有限会社聡明代表取締役。1998年、喜多川泰とともに横浜市に学習塾聡明舎を立ち上げ取締役、のちに代表取締役として経営に携わる。生徒の成績向上だけでなく、心を育てる教育に情熱を注ぎ、25年間で送り出した生徒は1000人以上。現在、発達障害のある子どもたちの自立をサポートする「リッツ児童デイサービス港南台」を運営している。

■和全(わぜん)
イラスト書道家。長野県出身。8歳から書道を始める。新潟大学教育人間科学部芸術環境創造課程書表現コース卒。「見たことのない書道」をテーマに、イラストと書道を組み合わせた新しいアート「イラスト書道」を制作。2017年、ニューヨークのOuchi Garally主催の100人展にて1位を獲得。オリジナリティーの高い作品は、国内のみならずパリ、ロンドン、スイス、ドバイでも好評を博す。また、長野トヨタ、大正製薬など、企業とのコラボレーション作品も多数手がける。書道とイラストを短時間で書き上げるパフォーマンスも好評で、国内外のイベントなどで揮毫している。共著書に『漢字の語源図鑑』(平山三男著・和全絵　かんき出版)がある。【公式サイト】https://www.studio-wazen.com

■木下晴弘(きのした・はるひろ)
1965年、大阪府生まれ。同志社大学卒業後、銀行に就職するが、学生時代の大手進学塾の講師経験で得た充実感が忘れられず、退職して同塾の専任講師となる。生徒からの支持率95%以上という驚異的な人気で多数の生徒を超難関校に合格させた。「授業は心」をモットーに、学力だけではなく人間力も伸ばす指導は保護者からも絶大な支持を得た。現在、株式会社アビリティトレーニング代表取締役。全国で、教員・保護者・生徒向けのセミナーや講演会を実施。受講者は48万人を超える。著書に『涙の数だけ大きくなれる』『人生の見え方が大きく変わる「対」の法則』(いずれも青春出版社)、『ココロでわかれば、人は〝本気〟で走り出す!』(ごま書房新社)ほかがある。

■武藤貴宏（むとう・たかひろ）
我武者羅應援團團長。東京都千代田区東京逓信病院手術室出身。高校の応援団に入団するものの、厳しいプレッシャーに耐えられず2週間で退団。卒業後もその挫折を引きずっていたが、あるとき、大人になってから応援団を作ってはいけないという法律がないことに気づき、２００７年、「気合と本気の応援であなたを熱くする」という志で我武者羅應援團を結成。ＮＨＫ紅白歌合戦、ＣＭ「パズドラ」「ブックオフ」などに出演。著書に『「本気で生きる」以外に人生を楽しくする方法があるなら教えてくれ』（ディスカヴァー・トゥエンティワン）、『僕らの仕事は応援団。』（大和書房）ほかがある。

■松井克（まつい・すぐる）
岡山県生まれ。高校を卒業後、薬業界の法人営業職へ就職。34歳のとき、交通事故で下肢障害という「資産」を受け取ることで、「生きる意味や命の使い方」に気づかせるセクシーでカッコイイ人達と出逢う。その後、キャリアカウンセラーとなり、あり方を土台にしたキャリア論を学生、社会人、障害者、アスリートなどの皆様に届け、「未来の理由」が芽吹くセクシーでカッコイイ活動を展開している。愛称「セクシーまつい」で、♡恋する未来を本気で応援する♡「パワーアップする講座」で活躍中。

■森信三（もり・しんぞう〈戸籍名：のぶぞう〉）
１８９６年、愛知県生まれ。１９９２年没（享年96）。京都大学哲学科卒。旧満州の建国大学教授、神戸大学教授。「国民教育の師父」と謳われ、86歳まで全国を講演行脚。著書は多数あるが、なかでも『修身教授録』（竹井出版）は、教育界のみならず、愛読書としてあげる経営者やビジネスマンも多く、いまなお人々を感化しつづけている。著書に『森信三訓言集』『人生二度なし』（いずれも致知出版社）ほかがある。

■松下幸之助（まつした・こうのすけ）
１８９４年、和歌山県生まれ。１９８９年没（享年94）。日本の実業家、発明家、著述家。松下電器産業（現・パナソニック）創業者。異名は「経営の神様」。9歳で単身大阪に出て、火鉢店、自転車店に奉公ののち、大阪電灯（現・関西電力）に勤務。１９１８年、23歳で松下電気器具製作所（のちに松下電器産業と改称）を創業。

1946年には、「Peace and Happiness through Prosperity＝繁栄によって平和と幸福を」のスローガンを掲げて「PHP研究所」を設立し、倫理教育や出版活動に乗り出した。さらに晩年は「松下政経塾」を立ち上げ、政治家の育成にも意を注いだ。

■正岡子規（まさおか・しき）
1867年、愛媛県生まれ。1902年没（享年34）。俳人、歌人、国語学研究家。俳句、短歌、新体詩、小説、評論、随筆など多方面にわたり創作活動を行ない、日本の近代文学に多大な影響を及ぼした。特に俳句の革新運動を展開して、俳句雑誌『ホトトギス』を主導。1895年、日清戦争の従軍記者として帰国途中に喀血。以後、長い病床生活に入るも、文学上の仕事は活発化し、翌年には3000以上の俳句を残す。脊椎カリエスによる凄絶な闘病生活は、随筆『病牀六尺』などに詳しい。代表作は『獺祭書屋俳話』『歌よみに与ふる書』や、『竹乃里歌』（歌集）、『寒山落木』（句集）など。俳句「柿食へば鐘が鳴るなり法隆寺」などが有名。

■吉田松陰（よしだ・しょういん）
1830年、萩（山口県）生まれの長州藩士。1859年没（享年29）。思想家、教育者、兵学者。27歳で萩に私塾「松下村塾」を設立し、のちの明治維新を支える高杉晋作・伊藤博文・久坂玄瑞といった要人を育てたことで知られ、明治維新の事実上の精神的理論者とされる。「至誠にして動かざる者は未だこれ有らざるなり」（至誠をもって対すれば、動かすことができないものはない）、「志を立てて以て万物の源となす」（まず志を立てれば、そこからすべての行動が決まる）などの情熱的な論で、多くの志士たちの心を揺さぶり影響を与えた。

■佐藤勲（さとう・いさお）
1925年、長野県生まれ。2020年没（享年95）。「上田情報ビジネス専門学校」創立者。比田井美恵の実父。1949年、そろばん教室「上田速算会」開校。地域の要望により簿記、タイプなど講座を増やし、1964年からは専修学校となる。自分のことは徹底的に倹約し、車で300キロ以上走ろうとも高速道路は一切使わず、貯めたお金をすべて学校に投資。80歳までは、朝6時から夜9時まで1日も休まず学校に通い、亡くなる2カ月前まで出勤した。1960年に結婚してからは妻の佐藤昌子（1933〜2020）とともに、まさに人生のすべての時間とお金と労力をつぎ込んで「ウエジョビ」を作り上げた。

■比田井美恵（ひだい・みえ）
1965年、長野県生まれ。上田高校、立命館大学卒。「学校法人上田佐藤学園」理事長。日立情報システムズにてシステムエンジニアとして勤務後、実父の佐藤勲が創立した「上田情報ビジネス専門学校」の校長としてあとを継ぎ、2018年、学校法人上田佐藤学園を設立、上田情報ビジネス専門学校を法人化する。2006年、比田井和孝の授業をメルマガとして配信し、書籍化のきっかけを作り、シリーズ全6冊の執筆・編集を担当した。

■比田井和孝（ひだい・かずたか）
1969年、長野県生まれ。野沢北高校、東京理科大学卒。「上田情報ビジネス専門学校」副校長。日夜学生の幸せを考え、バリバリ実行していく熱血漢。学生たちに行なっている「人として大切なことを伝える授業」が、『私が一番受けたいココロの授業』（ごま書房新社）として出版されると、全国各地からの講演依頼が殺到して講演実績は1300回、聴衆はのべ35万人を超え、著書も累計30万部にのぼる。著作はすべて比田井美恵との共著。
ｎｏｔｅ「比田井通信（ヒダッツー）」 https://note.com/hidakazu
メルマガ「比田井通信」 https://www.mag2.com/m/0001697338
ヒダカズ YouTube チャンネル https://www.youtube.com/channel/UC6l5TqPt1KdtJw7GjOyNzpg

参考文献

『恩送り』（佐藤芳直　径書房）／『「ありがとう」という日本語にありがとう』（山本孝弘　ＪＤＣ出版）／『７つの習慣』（スティーブン・Ｒ・コヴィー著、ジェームス・スキナー、川西茂訳　キングベアー出版）／『人は、なぜ他人を許せないのか』（中野信子　アスコム）／『少女パレアナ』（エレナ・ポーター著、村岡花子訳　角川文庫）／『精神筋力』（白石康次郎　生産性出版）／『勝負師と冒険家』（白石康次郎、羽生善治共著　東洋経済新報社）／『掃除道』（鍵山秀三郎著、亀井民治編　ＰＨＰ研究所）／『運転者』、『賢者の書』（喜多川泰　いずれもディスカヴァー・トゥエンティワン）／『ツキを呼ぶ魔法の言葉』（五日市剛　とやの健康ヴィレッジ）／『リッツ・カールトンと日本人の流儀』（高野登　ポプラ社）／『新訂・普及版　字統』（白川静　平凡社）／『「本気で生きる」以外に人生を楽しくする方法があるなら教えてくれ』（武藤貴宏　ディスカヴァー・トゥエンティワン）／『役割』（佐藤芳直　プレジデント社）／『鏡の法則』（野口嘉則　総合法令）／『心眼力』（野口嘉則　サンマーク出版）／『人生の見え方が大きく変わる「対」の法則』（木下晴弘　青春出版社）／『自分が源泉』（鈴木博　創元社）／『森信三　運命をひらく３６５の金言』（森信三著、藤尾英昭編　致知出版社）／『天命追求型の生き方』（白駒妃登美著、富田欣和監修　エイチエス）／『子どもの心に光を灯す日本の偉人の物語』（白駒妃登美　致知出版社）／『感動する！日本史』（白駒妃登美　ＫＡＤＯＫＡＷＡ）／『今いる場所で突き抜けろ！』（カル・ニューポート著、廣津留真理訳　ダイヤモンド社）

「君《きみ》の代《か》わりはいない」といわれる人《ひと》になる
人生《じんせい》が変《か》わるココロの授業《じゅぎょう》

著　者――比田井和孝（ひだい・かずたか）
比田井美恵（ひだい・みえ）
発行者――押鐘太陽
発行所――株式会社三笠書房
〒102-0072 東京都千代田区飯田橋3-3-1
https://www.mikasashobo.co.jp
印　刷――誠宏印刷
製　本――若林製本工場

ISBN978-4-8379-4033-3 C0030

本書へのご意見やご感想、お問い合わせは、QRコード、
または下記URLより弊社公式ウェブサイトまでお寄せください。
https://www.mikasashobo.co.jp/c/inquiry/index.html

読者プレゼント

特典動画

「賛否両論　炎上覚悟のヒダカズ流 自己肯定感論」をプレゼント！

本では語れない、ヒダカズこと比田井和孝が考える
「自己肯定感」のお話をぜひ、お聴きください！
「自己肯定感は高くなくてはいけない」と思っている方が
楽になるお話です。
ＱＲコードを読み取り、アドレスをお送りいただければ、
そちらに特典動画のアドレスが自動的に送信されます。

こちらもぜひご覧くださいませ！

①メルマガ　比田井通信

この本の元になったメルマガです。
ご登録はこちらから。

②ヒダカズ　note

ヒダカズの最新情報がアップされます。
フォローをしていただくと情報が届きます。

②ヒダカズ　YouTubeチャンネル

ヒダカズの講演動画が観られます。

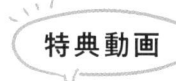